*Sociologia
do desconhecimento*

FUNDAÇÃO EDITORA DA UNESP

Presidente do Conselho Curador
Mário Sérgio Vasconcelos

Diretor-Presidente
Jézio Hernani Bomfim Gutierre

Superintendente Administrativo e Financeiro
William de Souza Agostinho

Conselho Editorial Acadêmico
Danilo Rothberg
Luis Fernando Ayerbe
Marcelo Takeshi Yamashita
Maria Cristina Pereira Lima
Milton Terumitsu Sogabe
Newton La Scala Júnior
Pedro Angelo Pagni
Renata Junqueira de Souza
Sandra Aparecida Ferreira
Valéria dos Santos Guimarães

Editores-Adjuntos
Anderson Nobara
Leandro Rodrigues

JOSÉ DE SOUZA MARTINS

Sociologia do desconhecimento

Ensaios sobre a incerteza do instante

© 2021 Editora Unesp

Direitos de publicação reservados à:

Fundação Editora da Unesp (FEU)
Praça da Sé, 108
01001-900 – São Paulo – SP
Tel.: (0xx11) 3242-7171
Fax: (0xx11) 3242-7172
www.editoraunesp.com.br
www.livrariaunesp.com.br
atendimento.editora@unesp.br

Dados Internacionais de Catalogação na Publicação (CIP) de acordo com ISBD
Elaborado por Vagner Rodolfo da Silva – CRB-8/9410

M386s
　　Martins, José de Souza
　　　　Sociologia do desconhecimento: ensaios sobre a incerteza do instante / José de Souza Martins. – São Paulo: Editora Unesp, 2021.

　　　　Inclui bibliografia.
　　　　ISBN: 978-65-5711-076-8

　　　　1. Sociologia. 2. Sociologia do desconhecimento. 3. Sociedade. 4. Capitalismo. I. Título.

2021-3051　　　　　　　　　　　　　　　　　　　CDD 301
　　　　　　　　　　　　　　　　　　　　　　　　CDU 301

Editora afiliada:

Asociación de Editoriales Universitarias de América Latina y el Caribe

Associação Brasileira de Editoras Universitárias

Para

Carlos Rodrigues Brandão,
Carlos Vogt,
Ivan Vilela,
José Jeremias de Oliveira Filho,
Margarida Maria Moura,

cada qual com sua ciência e sua poesia,
no afã de desvendar no real
o lirismo insurgente e inconformista

Sumário

Apresentação: A incerteza do instante . *9*

Primeira parte

A sociedade do avesso: o brasileiro da travessia . *51*

A desconstrução sociológica: revelações . *69*

Radicalismo na democracia inacabada: inquietações . *111*

O Brasil ideológico e desatento: distorções . *135*

Segunda parte

A mentira na vida cotidiana . *163*

Diálogo com o senso comum . *183*

Referências bibliográficas . *233*

Apresentação: *A incerteza do instante*

Na modernidade, o conhecimento, como consciência social, é mais rico, mais significativo e mais revelador nos momentos de transição histórica que levam a ela, tanto por causa da dissolução das relações sociais que resulta da transição quanto pela emergência de novas diferenças sociais e da alteridade correspondente, o "outro" de uma contraposição de sujeitos sociais que questionam recíprocos modos de ser e de pensar.[1]

É isso que induz ao deciframento do ilógico desses desencontros e gera o conhecimento sociologicamente verdadeiro, isto é, o conhecimento crítico de bloqueios à transformação social emancipadora.[2] A libertação do conhecimento que há nas revelações desconstrutivas das transições sociais como transições históricas, que mostram a indeterminação do determinado, as coações ocultas no que até então fora tido como natural, instrumento do repetitivo.

---

1 Lefebvre, *Au-delà du Structuralisme*, p.8-14; id., *A vida cotidiana no mundo moderno*, p.30.

2 Id., *Le Retour de la Dialectique*, p.112.

O estudo sociológico do desconhecimento é relativo ao modo de conhecer-se da sociedade contemporânea, uma sociedade estruturalmente caracterizada por fatores ocultos necessários à sua reprodução como sociedade para a atualidade do capital. É o preço que, sem saber, a sociedade paga pelo modo capitalista de produzir e pelo modo capitalista de viver e de pensar.

A sociologia do desconhecimento de que trato é a sociologia do conhecimento de Karl Mannheim[3] aplicada à realidade social dominada pela falsa consciência sem a qual a sociedade capitalista não pode se reproduzir.

Esse desconhecimento, porém, não recobre tudo. É de alcance limitado. É atravessado por contradições e fatores invisíveis de crise e ruptura. A sociedade contemporânea não é apenas a sociedade da falsa consciência e do engano inevitável, da alienação absoluta. Justamente, nos momentos de ruptura das relações sociais e de descontinuidade no processo histórico, a consciência social tende a ser invadida pela luz que ata os nexos da metodologicamente pressuposta totalidade concreta, que concilia o real e o possível sem ocultações. É quando os resíduos de conhecimento e de relações não capturados pela alienação social podem ganhar corpo em uma insurreição reveladora que propõe a explicação e a realização desse possível.[4]

Em uma bela análise de Lefebvre, o resíduo é o irredutível, o conteúdo da realidade social que se insurge contra o terrorismo das formas sociais repressivas que procuram moldá-lo no

---

3 Mannheim, *Ideología y utopía.*

4 Sobre o residual e o possível, veja Lefebvre, *A vida cotidiana no mundo moderno,* op. cit., esp. p.9.

Sociologia do desconhecimento

conformismo dos poderes e das dominações.[5] O conformismo mediado pelo desconhecimento e pela falsa consciência. Sem esses fatores ocultos, o capitalismo que conhecemos nem existiria nem persistiria. O modo de produção capitalista, como já foi demonstrado cientificamente por Karl Marx, não é apenas nem sobretudo um modo econômico de produção, como supõem os que se filiam ao que Georg Lukács define em termos críticos como "marxismo vulgar".[6] Não é aquele que acabou se propondo à compreensão meramente ideológica como um economismo antissociológico e anticientífico "de esquerda".

O "marxismo vulgar" é vulgar justamente porque, popularizado, ignora o essencial do que o capitalismo é, para simplificar de modo classificatório o entendimento de uma realidade social muito mais complexa do que pode revelar e compreender o senso comum de quem o adota. Para superá-lo, é preciso percorrer outra via do modo de conhecer a sociedade, a científica, ou seja, a via da produção do conhecimento social no reconhecimento de que a realidade é processo social e não apenas estrutura social, de que ela é revelação e ocultação ao mesmo tempo.

O modo de produção capitalista, como sabido, é um modo de produção de relações sociais. O produto não é simples nem principalmente o conjunto das coisas que saem da linha de produção, destinadas ao mercado, ao uso do consumidor, a se realizar no consumo. E, em comparação com sociedades anteriores, a mediar e dominar os relacionamentos entre as pessoas de

---

5 Ibid., p.193. Cf., também, Gorz, *História y enajenación*, p.54-68.
6 Lukács, *Histoire et Conscience de Classe*, esp. p.93 e 201.

um modo historicamente determinado e singular. O modo de produção capitalista produz socialmente mercadorias e fantasias de um imaginário sem o qual o capitalismo seria inviável. É um modo de produzir e é, ao mesmo tempo, um modo de imaginar sem imaginação, sem criatividade histórica, sem reinvenção social.[7]

E seria inviável a sociabilidade possibilitada pelos benefícios sociais indiretos da acumulação privada de capital, a acumulação social residual de capital que, estruturalmente, o próprio capital não retém como bem privado, mas com frequência administra e direciona, sem, porém, nela poder bloquear a expressão das contradições que contém e de que resulta. É a brecha da visibilidade do real recoberta pelo desconhecimento e pela falsa consciência.

Isso desloca a práxis da transformação social para o âmbito do direcionamento político do socialmente possível aí contido. A práxis transformadora depende da consciência verdadeira em processo, do conhecimento que daí resulta, de transformação do possível em realidade inovadora e socialmente transformadora do modo de vida.[8]

Essa consciência não é necessariamente prévia ao andamento da mudança. Consciência e mudança se produzem de modo recíproco e ocorrem em um cenário de obsolescência do já sa-

---

7 A distinção entre a função reprodutiva do imaginário e a função transformadora da imaginação aparece em vários momentos da obra de Lefebvre. Entre outros, Lefebvre, *Au-delà du Structuralisme*, op. cit., p.36. Sobre a distinção entre imaginário passivo e imaginação criadora, veja Lefebvre, *A vida cotidiana no mundo moderno*, op. cit., p.24 e 95.

8 Heller, *Para cambiar la vida*, p.141-81.

Sociologia do desconhecimento

bido em face de novas necessidades sociais que pedem nova compreensão e nova interpretação da realidade em crise.

Em uma carta a Danielson, sobre a demora na elaboração do segundo tomo da obra *O capital*, Marx deixou clara a relação entre o desenvolvimento do capitalismo e o amadurecimento de sua crise,[9] isto é, a revelação espontânea do ponto máximo dessa crise e a interpretação propriamente científica do processo do capital. Em outra carta, a Kugelmann, de 1868, ele analisara a diferença combinada entre forma social da produção e modo como se dá a ver, isto é, modo de aparecer.[10]

Nos dois casos, Marx trata da questão metodológica, dialética e diferencial das determinações históricas na produção social da informação que tem sentido para o conhecimento científico e da informação recuada ao modo de aparecer das relações sociais, de dar-se a ver, o do desconhecimento e não ainda o do dar-se a conhecer, de revelar-se, e isso depende do esgotamento e da fragilização históricos das concepções sociais do repetitivo.

Se a acumulação cria poderes de autopreservação e de continuidade, cria também o poder alternativo e anticapitalista da descontinuidade, da consciência socialmente crítica, da criação social e cultural e da revolução inovadora e transformadora. Ou seja, parafraseando-o, como murmurou Galileu a si mesmo, processado pela Inquisição, ao abjurar sua descoberta científica: no entanto, a sociedade se move.

---

9 Carta de Marx a Danielson. In: Marx; Daniel; Engels, *Correspondencia, 1868-1895*, p.123-9.

10 Carta de Marx a L. Kugelmann em Hannover. In: Marx; Engels, *Selected Correspondence*, p.208-10.

A compreensão e a explicação da sociedade capitalista, na perspectiva da sociologia marxiana, e não necessariamente na do marxismo, implica reconhecer que o capitalista, mais do que dono e senhor absoluto de riqueza para gastar e consumir, é um depositário do capital que reúne, acumula e reproduz. Ele é um funcionário do capital, de um bem comum, socialmente produzido, e não um funcionário de si mesmo. Ainda que desfrute privilegiadamente dessa condição, com o privilégio de que quem trabalha não tem, o privilégio do que é, apenas juridicamente, propriedade privada.

Já o capital é produto do trabalho do trabalhador coletivo e não simplesmente do trabalhador individual. Ele se *realiza* como personagem do capitalismo, e não apenas personagem do patrão, na circulação e não na produção das mercadorias, no uso do salário. Esse é um dos ardis sociais alienantes do ocultamento do real para quem trabalha. É o que faz com que mesmo quem não trabalha diretamente como autor de trabalho produtivo de capital se torne membro da sociedade capitalista como trabalhador indiretamente produtivo, porque nela alienado.

A alienação resultante do processo do capital alcança também o capitalista. É Marx que, em diversos momentos do tomo I de O *capital*, identifica conexões entre o protestantismo e o capitalismo, na transformação das relações entre a nova modalidade de riqueza que estava surgindo e o trabalhador.[11]

Max Weber, em uma linha metodologicamente diversa, estuda a importância da ética protestante na disseminação do espírito do capitalismo e da vocação capitalista, como chamamento

---

11 Marx, El *capital*: crítica de la economía política, p.44 e em notas de rodapé das p.217, 521, 548 e 614.

impessoal, no que estou definindo como personificação do capital.[12] Esse estudo resultou de um modo de crer que deriva de um modo de ganhar e do autoengano de que a invisibilidade do ganhar era expressão da fé e da salvação.

Diz Julien Freund: se "suprimirmos idealmente o protestantismo, seria necessário considerar, sem dúvida, outro modo de evolução histórica do capitalismo".[13] Ou seja, o capitalismo explicado pela mediação de uma ética religiosa, como referência do modo peculiar do relacionamento do capitalista com o capital.

Em relação à religião judaica, Sombart a tratou na perspectiva dos "fatores espirituais da vida econômica".[14] Ou seja, a referida mediação religiosa.

Lefebvre, por sua vez, na mesma linha de indagações sobre a relação entre protestantismo e capitalismo e suas repercussões na formação da sociedade moderna, identifica outra ordem de mediação, ao observar que "essa religião permitiu ao valor de troca, à mercadoria, generalizar-se, apropriando-se dos valores de uso, apesar de fingir respeitá-los e deter-se diante de seu domínio".[15] Ou seja a criação de uma cultura regida pela mercadoria e o valor de troca, destituída da tensão dialética com o valor de uso, mediação do valor oculto que por ela se revela, que é o segredo da dinâmica do capital, no ocultamento

---

12 Weber, *The Protestant Ethic and the Spirit of Capitalism*, p.47-78.

13 Freund, *Max Weber*, p.42.

14 Sombart, *Le Bourgeois:* Contribution a l'histoire morale e intellectuelle de l'homme économique moderne, p.9.

15 Lefebvre, *A vida cotidiana no mundo moderno*, op. cit., p.157. Esse trecho foi confrontado com a tradução espanhola de Alberto Escudero: *La vida cotidiana en el mundo moderno*, p.181.

dessa relação à consciência comum. É a fonte do conhecimento que dominará o modernismo sem revelar sua verdade.

O produto é a trama de relações sociais que resulta da produção, enquanto relações alienadas que asseguram a produção com base no salário como sendo aquilo que não é, a *justa* retribuição do trabalho materializado no que foi produzido pelo trabalhador. Como Marx demonstrou em *O capital*, sob o modo capitalista de produzir, o salário é sempre e necessariamente apenas uma parte do valor criado pelo trabalhador coletivo envolvido na produção.

A igualdade jurídica envolvida na venda da força de trabalho pelo trabalhador encobre o fato de que o trabalhador recebe como salário o valor de troca do que vendeu, enquanto o capital lhe compra o valor de uso, que é o de produzir mais valor do que aquele que foi investido nessa compra.[16]

A necessária acumulação de capital, para que o capital e o capitalismo se reproduzam é, assim, como todos sabem, o resultado da riqueza excedente que não se traduziu em remuneração do trabalho. Se acaso se traduzisse, o capitalismo não teria surgido, com suas imensas inovações e seu enorme poder de transformação social. E claro, tampouco a possibilidade do socialismo, historicamente uma revelação do capitalismo.

As sociedades socialistas, no plural, não são contraposições das sociedades capitalistas, também no plural, como pressupõe a concepção vulgar do processo histórico. Os socialismos são consequências de criatividade histórica resultante das carências de superação de contradições dos próprios capitalismos. Cada capitalismo tem sua própria forma social, decorrente de

---

16 Marx, *El capital*, op. cit., p.144-5.

Sociologia do desconhecimento

sua peculiaridade histórica, expressão formal do reprodutivo que lhe é inerente, o perceptível.

Essa é a explicação sociológica e clássica de Marx para a extração da mais-valia e para a reprodução ampliada do capital. E, portanto, para a reprodução ampliada das contradições sociais que engendram uma sociedade que, pela primeira vez na história, inova ao criar um conhecimento de senso comum que acoberta a injustiça social de que resulta e que faz do trabalhador cúmplice do modo social de produzir que é o modo capitalista que o vitima.

Trata-se de uma sociedade de opostos, cada vez mais rica e, ao mesmo tempo, cada vez mais pobre, porque é criadora de sua própria cegueira social, ou seja, do conhecimento para desconhecer. Sem isso, a contradição não se reproduziria para mantê-la tal qual é. Uma sociedade de pessoas juridicamente iguais para possibilitar que sejam economicamente desiguais. Uma sociedade que muda para permanecer, cuja vítima lhe é cúmplice involuntária, cuja falsa consciência é cotidianamente real, sem parecer falsa.

O que estou chamando de sociologia do desconhecimento é a que trata da consciência social como consciência socialmente necessária à persistência e à reprodução ampliada dessa sociedade com base na injustiça que lhe é constitutiva. A de um capitalismo, em termos antropológicos e sociológicos, adaptado e socialmente determinado pelas variáveis condições singulares e locais das diferentes regiões em que se disseminou.

Nesse sentido, "o capitalismo" não é o mesmo nem nas temporalidades que o definem nem nas espacialidades de que carece para se expressar como verdade imaginária e localizada. Diferentes pessoas, grupos sociais, classes sociais vivem em tempos sociais entre si diferentes. A sociedade capitalista não é uma sociedade de harmonias.

O que a torna uma sociedade sociologicamente fascinante é que ela seja, por excelência, a sociedade das diferenças sociais, não porque seja a sociedade das diferenças econômicas radicais entre ricos e pobres, que é seu aspecto mais negativo, mais revelador das contradições sociais, e sim porque é a sociedade de uma grande diversidade de modos de viver, conceber, perceber, interpretar, conhecer e participar do mundo social. Um dos mais belos estudos sociológicos sobre o tema é o livro de Henri Lefebvre *O manifesto diferencialista*. Não por acaso, uma proclamação do direito à diferença.[17]

Até no interior de uma mesma família podem existir os desencontros históricos de membros cujas historicidades vivenciais têm datas históricas completamente desencontradas e até consciências sociais antagônicas.[18] E, mais ainda, em grupos e classes sociais de datações distintas entre si. Nesse sentido, orientados por um presente que não é o mesmo para todos e nem todos são potencialmente capazes de consciência do possível contido nos diferentes níveis de sua práxis.[19] As diferenças são os fatores da historicidade social que trazem as contradições, pelas quais a história se determina, para a proximidade cotidiana do homem comum.

---

17 Lefebvre, *Le Manifeste Différentialiste*.

18 Esse tema foi analisado por Octavio Ianni com base no filme de Lucchino Visconti, *Rocco e seus irmãos*. Ianni, O jovem radical, *Revista Brasileira de Ciências Sociais*, p.121-42.

19 Lefebvre, *Sociologia de Marx*, p.17-41. Veja também Martins, *A sociologia de Henri Lefebvre: Um ponto de vista brasileiro*.

Sociologia do desconhecimento

A temporalidade da sociedade atual já não é a do tempo cósmico e cíclico da natureza, como era e é nas sociedades pré-modernas ou do que delas sobrevive nos interstícios e nas mediações da própria sociedade moderna. Esta, caracterizada pelo tempo linear, contínuo, como assinalou Max Weber, criou a consciência do inacabável do progresso, desmentida pela surpresa da possibilidade da morte, cujo tempo social é outro, o tempo cíclico da natureza.[20]

Karl Marx já se antecipara na caracterização da nova temporalidade "dos tempos orgiásticos do capital": "Todas as barreiras opostas pelos costumes e pela natureza, a idade, o sexo, o dia e a noite, foram destruídas. Até os próprios conceitos de dia e noite, tão rusticamente simples e claros nos velhos estatutos, foram apagados...".[21] A linearização do tempo e sua fragmentação nas unidades equivalentes das horas e dos minutos. Com a indústria e o modo especificamente capitalista de produção, surgiu a era do cotidiano e do instante. A era das ansiedades e temores da pobreza de tempo mesmo na abundância dos minutos.

Nela, cada vez mais, o tempo fragmentário e quantitativo dos minutos e segundos dominou e domina a mentalidade das pessoas e das relações sociais. Por meio dele, essas relações tornaram-se passageiras, breves, vivenciais. Para que a produção social da realidade histórica, dos grandes e significativos marcos de ruptura do repetitivo, não se proponha à consciência social senão como aquilo que não é.

---

20 Weber, *Le Savant et la Politique*, p.69-72.
21 Marx, *El capital:* Crítica de la economía política, op. cit., p.219.

A sociedade pós-moderna que é a dessa temporalidade de urgências e de impaciências é, enfim, a sociedade do instante. A da temporalidade da incerteza, a do agir pessoal e coletivo manipulável e manipulado, o tempo da reflexão necessária à práxis objetivamente usurpada do sujeito do agir histórico. Mais ainda quando é ele o sujeito coletivo do numeroso e perde a autonomia ilusória da individualidade.

O desconhecimento próprio e característico da consciência social contemporânea já não é, apenas, a do tempo em que Karl Marx fez as primeiras descobertas sociológicas sobre o que é o capitalismo e nele a centralidade de seu modo peculiar e historicamente singular de exploração do trabalho, legitimado pela alienação social.

A consciência na atualidade é a do desafio explicativo da dominância do consumo na subjetividade de cada um e de todos, decorrente da alienação ampliada pelas técnicas sociais, não raro de inspiração sociológica, que tornaram a consciência social manipulável.

Não é este, portanto, um estudo no campo do que vem sendo chamado de sociologia da ignorância, que trata do que as pessoas ignoram ou que trata de seu conhecimento pessoal deficiente.[22] Aquilo que elas não sabem porque sabem mal ou de maneira insuficiente, não porque lhes seja necessária e estruturalmente oculto, como no caso do desconhecimento de que aqui trato, mas porque são ignorantes.

---

22 Schutz, The Well Informed Citizen: An Essay on the Social Distribution of Knowledge, *Social Research*, p.463-478; McGoey, Strategic unknowns: towards a sociology of ignorance, *Economy and Society*, p.1-16. Um interesse brasileiro pelo tema é o de Bárbara, *Devem os sociólogos suspender juízos de fato, ao investigar as crenças alheias?*

Sociologia do desconhecimento

Ao contrário, a sociologia do desconhecimento é a sociologia do que a sociedade e as pessoas que dela fazem parte conhecem e sabem sobre a realidade social, mas de um conhecimento enganadoramente lógico, que se expressa em um senso comum que não permite saber corretamente o que sobre ela pode ser conhecido, na medida em que orienta um modo de conhecer o real que encobre o que de essencial há nele.

Uma realidade, portanto, de invisibilidades e ocultações à consciência cotidiana da pessoa comum. Um conhecimento para desconhecer, que é sua função social cognitiva. O de uma falsa consciência. Não é o desconhecimento próprio da ignorância.

No âmbito da sociologia do desconhecimento, pode-se também estudar a ignorância como o que falta no saber social, o que, se não faltasse, nem por isso seria conhecimento. A não ignorância é característica do desconhecimento, expressão de um saber de manipulação da consciência social. Técnica de um saber de acobertamento das contradições sociais e de indução do autoengano socialmente necessário ao bloqueio da consciência crítica que assegure o repetitivo da reprodução das relações sociais. A consciência que desconhece os fatores ocultos, de potencial transformação social e de superação do que é socialmente iníquo e minimizante da condição humana, coisificante da pessoa.

Na sociologia do desconhecimento, o conhecimento é social e eficiente no que acoberta e engana. O objeto é aquilo que as pessoas socialmente sabem, mas de um saber que encobre a realidade social para que a reprodução das relações sociais se realize e se sobreponha à possibilidade de produção e surgimento de relações socialmente novas e transformadoras. A sociologia do desconhecimento analisa seus desdobramentos nas relações sociais, as formas e a eficácia da alienação social, vistos na perspectiva de suas determinações históricas.

A análise dialética e crítica do conhecimento mistificador já está proposta em um livro pioneiro do pensamento crítico, de Norbert Guterman e Henri Lefebvre, *La Conscience Mystifiée*.[23] Lançado em 1936, foi denunciado pelo Partido Comunista francês e, mais adiante, incinerado pelas forças de ocupação nazista na França. Indícios dos incômodos políticos, na esquerda e na direita, causados pela crítica da alienação como instrumento de poder e dominação.

A superação da ignorância é tópica e técnica, educativa, e pode ser definitiva no que ao específico se refere, mas não pode suprir a carência de consciência verdadeira. A superação do desconhecimento é política, mas historicamente temporária,[24] na medida em que, na modernidade, novas formas de alienação suprem os vazios de consciência social decorrentes de novas necessidades sociais, aí incluídas novas necessidades radicais. Os vazios das alienações vencidas pelo conhecimento e pela consciência social verdadeira, indissociáveis das contradições que criam também o que é falso.

A revelação da realidade objetiva tornaria insuportável e inviável, ao homem comum, conhecer sua própria alienação, sem superá-la, e, ao mesmo tempo, ter consciência do engano social que assegura a exploração e a dominação que resultam da alienação. É nesse sentido que a ideologia tem a função de prover conhecimento social e, ao mesmo tempo, de nele suprimir os

---

23 Guterman; Lefebvre, *La Conscience Mystifiée*.
24 Gorz, *Historia y enajenación*, op. cit., p.105.

Sociologia do desconhecimento

fatores de que se torne conhecimento verdadeiro, como explica Gorz: "A ideologia tem como finalidade explicar de um modo não contraditório um mundo de contradições e de devolver os indivíduos, idealmente, a uma realidade cujos fatos o alienam".[25]

O que é essencial para que a sociedade se reproduza e reproduza o mesmo e a mesmice do conformismo, a reprodução das relações sociais que o é de injustiças ocultas, mas estruturalmente necessárias. É o que assegura a reprodução social, da sociedade como ela é e não como poderia ser, o que se sobrepõe às contradições que a determinam e, nelas, ao historicamente possível.

Nesse desconhecimento da realidade da acumulação econômica, o da produção social e da acumulação privada de seus resultados, o trabalhador se torna inconscientemente cúmplice do capital que o explora. É o que minuciosamente demonstra Marx não só no conjunto de *O capital*, mas no conjunto de sua obra dispersa, desde seus estudos iniciais, como no caso do ensaio referencial sobre a alienação, nos *Manuscritos de 1844*.[26]

No conjunto dessa complexa obra inacabada, são descobertas e interpretadas as invisibilidades necessárias à dupla dimensão da realidade capitalista, para que o processo social flua movido por suas contradições e assegurado pelos enganos sociais decorrentes.

Elas estão situadas em diferentes âmbitos e momentos da realidade. Não só no âmbito do trabalho alienado e da questão das formas historicamente descompassadas de sujeição do

---

25 Ibid., p.128.
26 Marx, *Manuscrits de 1844*, p.101 ss.

trabalho ao capital, mas também no âmbito da renda da terra. Renda que é um modo não capitalista de produzir riqueza, o da classe dos proprietários de terra se apropriarem de uma parte do conjunto da mais-valia produzida pelo trabalho em relações capitalistas de produção.

A renda da terra não pode ganhar visibilidade como renda e ser objeto de consciência do próprio capitalista que se dedica à produção capitalista na terra. Ele lucra como capitalista na produção e, como proprietário rentista, ganha uma parcela adicional de mais-valia, a renda da terra, mesmo que sendo ambos uma única e mesma pessoa. Eventualmente, as condições históricas podem fazer com que essas duas personificações se separem em pessoas diferentes, como aconteceu e tem acontecido em alguns países, em que o capitalista paga aluguel ao proprietário da terra para nela produzir. No Brasil, essa anomalia é atenuada e encoberta pelo fato de que, no geral, o capitalista é ao mesmo tempo proprietário da terra que utiliza em seu agronegócio.

A falsa consciência do capitalista agrário é dupla, está presa a dois movimentos historicamente antagônicos de reprodução ampliada do capital, um capitalista e outro rentista. O extremo reacionarismo de nossos proprietários de terra decorre de que concebem como lucro o que é renda e, portanto, privilégio estamental e não capitalista de uma relação parasitária com o conjunto do sistema econômico. A propriedade da terra não é nem pode ser produzida de modo capitalista, e isso contraria o que é próprio da personificação do processo do capital, que envolve consciência capitalista, isto é, consciência do risco do investimento e consciência empresarial de como aplicar o capital e lucrar. O proprietário de terra, como proprietário, não

Sociologia do desconhecimento

está sujeito às exigências de personificação do capital. Ele conhece a realidade econômica por meio de sua falsa consciência de capitalista da terra, isto é, de rentista.

Onde isso ocorre ou ocorreu, a decorrência pode ser e até tem sido o conflito histórico entre o capital e a propriedade da terra. Não só quem trabalha personifica a alienação decorrente de sua condição social de produtor de mais-valia, mas também quem se beneficia das invisibilidades da produção e das formas de distribuição e realização da mais-valia, uma das quais é a renda da terra.

No Brasil, esse conflito foi historicamente acobertado pela aliança política e econômica entre o capital e a renda fundiária, de modo que as duas classes sociais antagônicas nelas contidas aqui se fundiram, a renda da terra sendo encarada e tratada contabilisticamente como renda capitalizada, como capital constante, que não é.

Essa tem sido a forma de suas invisibilidades ou de suas visibilidades enganadoras. Sem isso, o capitalismo teria sido inviável no Brasil. E como um capitalismo que tem as características peculiares que dele fazem um capitalismo subdesenvolvido, permanentemente inacabado, de possibilidades irrealizadas, fundamento de uma burguesia muito aquém do que o capitalismo carece e do que a sociedade precisa. Um capitalismo precário porque fundado em um desenvolvimento econômico e social acentuadamente mais desigual do que o modo como o capitalismo se constituiu e se firmou nos países metropolitanos e desenvolvidos pelo menos cem anos antes do capitalismo brasileiro.

Na perspectiva dialética, o desconhecimento alienador é tema do estudo sociológico dos bloqueios sociais ao possível, o das possibilidades sociais contidas nas contradições e tensões da sociedade contemporânea. As contradições reveladoras do que a sociedade não é, mas pode ser.

Por isso, trato aqui de coisa bem diversa de ignorância. Trato do conhecimento enganador que mediatiza a vida cotidiana como se fosse conhecimento verdadeiro. Isto é, do desconhecimento social e historicamente determinado. Não do conhecimento que falta, mas do conhecimento que a sociedade ou suas diferentes classes e categorias sociais têm a respeito do que é e são, no que parecem ser.

Este é um estudo sobre o conhecimento no âmbito da falsa consciência, a consciência de acobertamento das contradições sociais. A consciência que revela ao homem comum o que a sociedade é não sendo, para que ele se torne cúmplice de suas deformações, da anomia, da alienação social, dos desvios interpretativos de senso comum que ele, por si mesmo, não pode compreender. Um estudo sobre o conhecimento desconhecedor, diverso do que trata a sociologia do conhecimento, que é a dos modos e estilos de a sociedade conhecer-se em profundidade determinante e decisiva do que a caracteriza como vivência autêntica, sem enganos. Aquele conhecimento que a sociologia pode descrever e interpretar para expor a função social que cumpre, e os desafios sociais que propõe a cada um de nós e a todos.

Em um país como o nosso, esse desconhecimento tem peculiaridades, o que faz dele uma espécie de laboratório do estudo sociológico sobre o tema. A sociedade brasileira, que mudou muito nos últimos anos, vem se defrontando com questões novas que lhe propõem uma consciência social diferente, tanto a que se expressa em modalidades diversas de conheci-

Sociologia do desconhecimento

mento cotidiano quanto a que se propõe ao e no conhecimento sociológico.

Estamos em face das metamorfoses da alienação e das diferentes formas e modos de sua manifestação na vida social. A alienação tornou-se uma realidade substantiva e viva, um poder, que se desdobra em técnicas de manipulação social e de minimização do protagonismo social dos membros da sociedade, que o priva da condição de práxis de superação das contradições e de solução dos impasses históricos e dos problemas sociais.

As variedades do autoconhecimento costumeiro desgastam-se, ficam obsoletas muito depressa, esclarecem pouco ou nem mesmo esclarecem nossa carência cotidiana de conhecimento prático e usual. A certeza do costumeiro e tradicional tornou-se incerteza diante de sua contínua desconstrução pelo desencontro entre suas diferentes modalidades, como as representações, as crenças, as ideologias, o senso comum. Vivemos o tempo da plurificação de conhecimentos fragmentários que se estranham e, no estranhamento e no limite, podem até questionar o desconhecimento, embora não necessariamente. É a brecha residual no socialmente reprodutivo e repetitivo.

Estamos vivendo o tempo do nascimento do homem pequeno e de sua sujeição. Mas também o tempo da negação da negação, sob a forma das pequenas revoluções na vida cotidiana. O tempo em que a consciência social insurgente está diretamente referida às descobertas das ciências humanas, em particular da sociologia desconstrutiva e crítica.

A trama da ordem e da reiteração, que nos subjuga em novas modalidades de obediência e conformismo, é dinâmica, até mesmo nas fraturas e irracionalidades que a fragilizam e desafiam. Novidades são cada vez mais frequentes nos próprios modos como as pessoas se comunicam: novas palavras, novos silêncios, novas concepções da vida e do mundo dominam as situações sociais e os processos interativos. A própria língua muda muito mais depressa do que mudava no tempo de nossos pais e avós, o que se reflete em uma vida social marcada pela desorientação, pela incoerência e pela brevidade das certezas de referência em nosso agir; o que é o novo campo da práxis e de peculiares possibilidades transformadoras da sociedade e emancipadoras de todos.

Essa sociedade é hoje cheia de dúvidas que não tinha, porque então socialmente desnecessárias, a respeito do que ela é e do que nela somos. Nosso conhecimento comum e cotidiano tornou-se, sociologicamente, uma modalidade de desconhecimento que é condição de inclusão social perversa na sociedade moderna. Não apenas, como até aqui tem sido considerado, o da falsa consciência e suas variantes. O de uma variedade de conhecimentos comuns que fragmentam a realidade social e nela inviabilizam sua compreensão e a compreensão do que nela possa ser histórica e estruturalmente essencial e significativo.

O reiterativo, que é inerente ao processo de reprodução das relações sociais, carece cada vez mais de reformulação e de reinvenção. É um conhecer para desconhecer e viabilizar a reiteração do modo social de ser. Sem que tenhamos tempo para percebê-lo e dele tomar consciência com a rapidez adequada ao ritmo cada vez maior da vida cotidiana e das mudanças sociais. De certo modo, quando a consciência social captura e compreende a realidade, a realidade já está se tornando outra. Embora diferente, é algo parecido com o que os antropólogos dos anos 1950 estudavam como demora cultural.

Sociologia do desconhecimento

Estudar de forma crítica a vida cotidiana substitui o conhecimento sociológico pelo desconhecimento, na medida em que é um conhecer do real em nome do objetivamente possível e da transformação social que o próprio real virtualmente contém, o que já não pode ser encoberto pelos mascaramentos da repetição da vida do dia a dia.[27] Um conhecer baseado na descoberta sociológica, científica e explicativa, da invisibilidade social que vem superando e vencendo os fatores dessa invisibilidade e da alienação que lhe corresponde.

Mas isso não é suficiente para superar o desconhecimento da realidade social, se não surge na própria consciência cotidiana do homem comum como expressão, também, de relações sociais e de uma situação social em mudança que tornem as deformações do desconhecimento insuficientes e impróprias para recobrir de sentido o que já chegou à consciência social como evidência de contradição e de irracionalidade.

Hoje, o próprio cotidiano expõe suas contradições e, nos descompassos dos ritmos históricos em que se expressa, expõe o tempo novo que se esboça e se manifesta no aparentemente presente e no aparentemente passado do atual. A crítica social e a crítica científica que daí decorrem gestam a consciência das necessidades radicais, as que não podem ser saciadas e superadas na estrutura de relações existente.[28] São necessidades que movem o processo histórico e pedem transformações para que sejam resolvidas e superadas. Isto é, "não há conhecimento da

---

27 Lefebvre, *Critique de la Vie Quotidienne*, p.102.

28 Id., *La Proclamation de la Commune*, p.20; Heller, *La Théorie des Besoins chez Marx*, p.107-35.

sociedade sem crítica dessa sociedade, de suas representações (ideologias) e dos conceitos admitidos".[29]

É um bom desafio para os cientistas sociais neste momento histórico, marcado pela incerteza e pela crise do conhecimento de senso comum, e pelas modalidades de conhecimento científico limitadas ao meramente instrumental e lucrativo, ao que é prático e não ao que é crítico.

Conhecer criticamente o senso comum e o conhecimento científico redutível ao manipulável é um meio decisivo de superar o atraso da consciência social em relação ao historicamente possível, do falso em relação ao verdadeiro, do engano em relação à clareza. Do elenco de mediações do conhecimento cotidiano situado no polo oposto ao das ciências sociais, enquanto são elas instrumentos de desvendamento do ideológico, do falso, do acobertador que aprisiona o homem comum em um presente sem destino.

Qualquer que seja a orientação teórica que o sociólogo adote em suas pesquisas e em suas análises, terá como uma de suas matérias-primas o conhecimento social de que cada um, e os respectivos grupos de referência, dispõe para interpretar (e desconhecer ao limitar-se a supor conhecê-la) a sociedade em que vive: o senso comum, o imaginário, a consciência social, as crenças, as ideologias, como mencionei. Todo conhecimento que, na consciência do homem comum, dá algum sentido ao vivido. O arsenal de conhecimentos extracientíficos que podem ser interpretados, pela sociologia, como desconhecimento porque carentes da inteireza que pode ser alcançada através das ciências sociais quando referidas à noção de totalidade.

---

29 Ibid., p.105.

Desconhecimento que é o conhecer superficial do instante, o conhecer que não define uma época e uma sociedade, a não ser pelo vazio e pelos enganos. O mero entretanto do saber fugaz. Basicamente porque, em suas limitações, insuficiências e distorções tem a função de ocultar, no dia a dia, como acontece com todos nós, o que a realidade efetivamente é. Aquilo que dura reduzido ao tempo do que acaba. As formas do conhecer, que respondem pelo que a sociedade é e, no que apenas se percebe, analisadas sociologicamente, não é.

É o complicado jogo da consciência social e de suas funções.

Sempre foi assim, desde que a sociologia surgiu como o conhecimento de que é autoconsciência científica da sociedade.[30] Desde que a sociedade tomou consciência de que é regida não só por aquilo que sabe sobre o que é, mas também e sobretudo por aquilo que ela não sabe que é porque ocultado na invisibilidade dos fatores de sua dinâmica, a dos processos sociais cuja reprodução, como já assinalei, depende do autoengano. Para assegurar-se a eficácia das iniquidades, das quais carece para produzir socialmente o que não é distribuído socialmente. A sociedade precisa enganar-se para aceitar e legitimar o que não é propriamente justo para ser o que é e não é, ao mesmo tempo.

É uma sociedade que, economicamente, cresce por meio da exploração do trabalho, em que o trabalhador desconhece que o que vende ao capital pelo preço do salário não é o que o capital compra, cuja diferença está na invisibilidade do que foi comprado e não foi pago. Esse é seu fundamento estrutural. Os envolvidos não sabem o que está acontecendo. Sem essa distorção ocultadora, a economia moderna não seria possível.[31]

---

30 Freyer, *La sociología ciencia de la realidad*, p.342.
31 Marx, *El capital* , t.I, op. cit., p.130 ss.

O trabalho do sociólogo começa pelas técnicas e procedimentos que adota para identificar o que os membros da sociedade pensam sobre si mesmos como seres sociais, aquilo que conseguem narrar ao pesquisador porque é o que conseguem saber e acham que sabem. Essa narrativa, sob o ângulo crítico e desconstrutivo, é que constitui o material de que se vale o pesquisador para chegar às estruturas de referência na conduta de cada um e de todos. Àquilo que cada um não percebe na conduta que adota e a sociedade não percebe naquilo que faz em conjunto. O pesquisador deve estar preparado para desconstruir o material que colhe e, assim, ver além da contemporaneidade enganosa que desfigura o que foi observado.

Essa é uma questão de método.

Uma das pesquisas que fiz foi um longo e demorado trabalho sobre linchamentos no Brasil, o crime de multidão, um tema propício ao estudo sociológico de questões teóricas que abordo aqui, as do lado oculto da sociabilidade atual.[32] Nela, analisei mais de 2 mil ocorrências. Todas as evidências foram de que a circunstância muito peculiar e passageira do ato de linchar produz estados de consciência que em poucos minutos desaparecem da memória dos participantes. Ao mesmo tempo, os valores de referência dos membros da turba, no geral, não são valores presentes na consciência cotidiana de cada um.

Ao desconstruir o ato de linchar nas minúcias e nos detalhes que o compõem, é possível datá-los como dados e valores sociais de uma consciência arcaica que vem dos tempos coloniais, da concepção de crime das Ordenações Filipinas e mesmo da noção de castigo da Santa Inquisição.

---

32 Martins, *Linchamentos:* A justiça popular no Brasil.

Sociologia do desconhecimento

Vem de uma socialização dos brasileiros do passado, cujas determinações permaneceram como resquícios potencialmente ativos na estrutura profunda da personalidade de base do brasileiro de hoje, que passam de pais para filhos como rebarbas culturais não descartadas na socialização das gerações atuais, e atravessam a barreira de censuras levantadas ao longo do tempo contra concepções e valores das diferentes transformações e atualizações sociais que nele se processaram.

Esses valores sociais ficaram adormecidos na consciência coletiva e despertam quando as pessoas se vêm diante de ocorrências já definidas, classificadas e julgadas por formas retrógradas de direito. Passada a circunstância social peculiar do linchamento, as normas sociais de emergência e os valores a que correspondem submergem de novo, voltando ao estado de latência. É significativo que os atos de justiçamento tendam a se repetir no curto prazo, na mesma comunidade ou na mesma vizinhança. As referências ainda permanecem próximas da superfície da memória, em prontidão.

Escrevi este livro para analisar a sociedade brasileira a partir das anomalias que a caracterizam cada vez mais, a partir do que já não faz dela uma sociedade "normal". Em uma sociedade como a brasileira, normal é o estado de anomia.

Em uma sociedade em constantes e rápidas mudanças, nossas referências de conduta com facilidade perdem eficácia. Nós nos movemos socialmente em uma trama de relacionamentos que cada vez mais escapa à nossa compreensão, mesmo quanto às referências do senso comum. Trata-se de uma modalidade de conhecimento vivencial e prático que vem perdendo a eficácia pela dificuldade de saber o que é nela falso e o que é verdadeiro.

Em uma sociedade que tem alguns milhões de desempregados e outros tantos milhões trabalhando precariamente, milhares de pessoas vivendo nas ruas e muitas vivendo do lixo, muitas delas ainda crianças, gente sem lugar e sem futuro, é preciso repensar a interpretação que dela temos feito e fazemos.

Aqui, estamos cada vez mais constrangidos a viver para a economia, para o lucro, do que a economia a existir para nós, para o bem comum.

Era o que já se previa na segunda metade do século XIX, em relação ao capitalismo, do homem transformado em coisa das coisas. Coisificado, cada vez mais privado de sua própria vontade, sua condição humana se vê empobrecida. Somos desafiados a repensar os modelos de que a sociologia se vale para explicar o que a sociedade é em face do que o sociólogo, por meio dela, supõe que seja, sem supor tudo que deve ser suposto.

Émile Durkheim, o clássico de referência da sociologia, muito influente no Brasil em nossos primeiros estudos sociológicos, deu aos aspectos patológicos da sociedade o nome de anomia.[33] Isto é, sobrevivência de normas sociais quando já desapareceram suas estruturas de referência ou ausência de normas sociais referidas a novas estruturas decorrentes de mudanças sociais. Com as mudanças, as normas sociais envelhecem, se tornam obsoletas, as condutas deixam de corresponder ao que a sociedade passou a ser.

Ocorre, porém, que a anomia vem se tornando "normal". A sociedade é cada vez mais anômica. O instante é cada vez o tempo da atualidade, porque é ele que pede e mede improvi-

---

33 Durkheim, *De la Division du Travail Social*, p.343-65; id., *As regras do método sociológico*, p.45-72.

Sociologia do desconhecimento

sações de conduta, fazendo que a incerteza invada a vida cotidiana cada vez mais e defina seus relacionamentos sociais característicos e conformistas, os do nosso: "somos assim". A sociedade pede, portanto, uma sociologia que a investigue, que a descreva e a interprete como o que de fato se tornou e não propriamente o que teria sido se não fossem as anormalidades determinantes de nosso mal-estar social.

É pobre a análise sociológica que interpreta a sociedade como um erro em relação às suposições teóricas da sociologia. Assim como é um erro mais grave ainda interpretar o senso comum e as ideologias, porque populares, como o correto e verdadeiro de determinada sociedade. É verdadeiro não o sendo porque, nele, o sociólogo pode desvendar as invisibilidades que o determinam.

Uma característica das sociedades é a de ser percebidas por seus membros através de concepções enganosas. É a sociologia que identifica, descreve e interpreta os enganos, seus fatores e causas, os acobertamentos que são, a sociabilidade que viabilizam, necessária ao seu funcionamento, e o desencontro do homem consigo mesmo que nessa sociabilidade se apoia.

A sociologia tem muito a dizer sobre isso. Este livro é minha contribuição à revisão crítica necessária para sairmos do sociologismo tematicamente imobilizado e teoricamente prisioneiro das teorias de sociedades que estão em outro estágio do desenvolvimento social e em outros lugares. É a provocação que por meio dele pretendo fazer em relação a temas essenciais que têm aflorado com as mudanças a que me refiro.

A sociologia, nesta hora, tem o que dizer não só a estudiosos e estudantes das Ciências Sociais, que procuram rever suposições e orientações de pesquisa e de interpretação, mas também àqueles que, em crescente número, nas diferentes profissões, nas funções públicas e nas diversas situações sociais, precisam se munir de referências interpretativas para lidar com uma realidade social que muda da noite para o dia, que surpreende e desnorteia a cada instante. Uma realidade que afeta os campos de seu exercício profissional, nesse extenso e diversificado mundo que é o nosso, de gente e de suas relações sociais.

A compreensão da realidade social está cada vez mais distante das regularidades características dos tempos de surgimento e disseminação das ciências sociais. Neste nosso tempo, o objeto da sociologia passa por metamorfoses até durante a própria pesquisa, coisa que lhe é própria, em contraste com a maioria das outras ciências.[34] A sociologia se distancia da concepção de certeza e da durabilidade do objeto das ciências duras e das ciências biológicas. A realidade social oculta outras e diferentes lógicas, como a que Henri Lefebvre definiu como transdução, não só a dedução e a indução.[35]

A dinâmica da sociedade se propõe na crise de que decorre a ação do próprio homem, que informa e define a práxis. Práxis que contém e pressupõe a consciência possível e o próprio possível, o que a sociedade pode ser muito além das regularidades e das irracionalidades do agora.[36] Aquilo que a sociedade ainda não é. Mas poderá ser. O que já está contido em suas estruturas sociais, mas oculto à consciência social.

---

34 Lefebvre, *Hegel, Marx, Nietzsche*, p.131.

35 Id., *La revolución urbana*, p.11.

36 Cf., também, Cardoso, Il contributo di Marx alla teoria del mutamento sociale. In: Spinella (ed.), *Marx vivo: La presenza di Karl Marx nel pensiero contemporaneo*, p.126.

Sociologia do desconhecimento

Ocultar, deturpar, mentir, falsear tem regras, fatores e causas de que seus agentes não se dão necessariamente conta quando atuam. São recursos para que se preserve o conformismo necessário à reprodução das relações sociais mesmo nas veladas injustiças que a caracterizam. Aquilo que desencadeia tensões históricas e pressões cotidianas para que a sociedade se liberte da prisão do ocultamento e da alienação social que assegura esse conformismo.

A sociedade não é um aglomerado de indivíduos. É um todo que com eles se compõe e a eles se sobrepõe. O sociólogo analisa e interpreta a sociedade tendo em conta essa dupla característica da realidade.

É nesse sentido que a sociologia tende a descobrir e procura descobrir os nexos da totalidade em movimento, que a sociedade é, expressa em diferentes e até desencontradas orientações interpretativas. "Totalidade objetiva (a sociedade e seu devir) e portanto fragmentária", como indica Lefebvre em seu estudo sobre a questão histórica do desenvolvimento desigual, a "grande lei do mundo moderno".[37] Este é um dos fatores das tensões e buscas políticas da sociedade contemporânea.

Tal totalidade é definida pela temporalidade que dá unidade ao diverso de suas determinações e de seus momentos historicamente datados e desencontrados. Nesse estudo, Lefebvre sublinha a importância metodológica de um texto de Lênin, de que se perdeu uma parte, de crítica aos populistas russos, "Quem são os amigos do povo". Um dos textos mais caracteristicamente sociológicos do autor russo, ao lado de

---

37 Lefebvre, *Critique de la Vie Quotidienne*, II, op. cit., p.9; id., *Pour-Connaître la Pensée de Lenine*, p.22 e 53.

"O desenvolvimento do capitalismo na Rússia", pois é um dos primeiros que escreveu, ainda quando tentava compreender sociologicamente aquela sociedade, diante das peculiaridades do capitalismo russo.[38]

Na concepção de formação econômico-social, um tema essencial dessa análise, Lefebvre ressalta a relevância metodológica do atraso social em relação ao desenvolvimento econômico, referência de sua tese do atraso do real em relação ao possível.

É o momento em que ele está definindo sua concepção da dialética, como método regressivo-progressivo.[39] O método de decompor o real a partir da superfície do que o cientista observa à primeira vista, mesmo com os métodos de investigação que já lhe permitam constatações lógicas e verificáveis – ainda que insuficientes para desvendar as tensões que explicam o que é singular na realidade social, seu vir a ser, sua historicidade, seu devir, as bases de seu possível.

E, então, desconstruir-lhe a linearidade e a horizontalidade, datar cada uma de suas diferenças pela identificação da respectiva gênese histórica, o respectivo "pertencimento" histórico, o que lhe dá sentido como antagonismo e revelação potencial do que a sociedade poderá ser mas ainda não é, do que a práxis transformadora poderá desvendar, compreender e realizar.

---

38 Ibid., p.206-48; Lênin, Ce que sont les 'Amis du Peuple' et comment ils luttent contre les social-démocrates, *Oeuvres*, t.1; Lênin, *El desarrollo del capitalismo en Rusia*.

39 Lefebvre, Problèmes de sociologie rurale, *Cahiers Internationaux de Sociologie*, v.VI, p. p.78-100; id., Perspectives de sociologie rurale, *Cahiers Internationaux de Sociologie*, v.XIV, p.122-40.

Sociologia do desconhecimento

E, assim, voltar à superfície como lugar das ilusões do aparente e dos acobertamentos das tensões do desenvolvimento desigual, o da historicidade social, o passo transdutivo da metodologia lefebvriana.[40] Portanto, o lugar da descoberta das tensões de temporalidades do real e nela do historicamente possível, o cume da totalidade concreta, explicativa, a sociedade como movimento e não como mera e única estrutura.

A formação, pois, como metáfora da sedimentação de estruturas sociais de datas diversas, arcaísmos, permanências, épocas históricas que foram deixando na configuração social da atualidade seus resíduos e sobrevivências, pouco a pouco subordinados ao grande capital e por suas determinações desfigurados.[41] O que nega, enfim, o difundido pressuposto, de militância, do desenvolvimento igual do capital e do capitalismo, que se expressa nas cogitações do marxismo vulgar.

Não se trata de juntar e somar a diversidade de concepções da sociedade em um amontoado híbrido e inconsistente, anticientífico, como expressamente adverte Goldman em sua digressão sobre a questão da totalidade.[42] Trata-se, também, de descobrir o que ficou separado ao longo do caminho da sociologia. Muitas questões sociais ficaram insuficientemente explicadas em decorrência dessas rupturas lógicas nem sempre sociológicas, ainda que equivocadamente praticadas em nome da sociologia.

A sociologia, como a antropologia e a psicologia social, tem sido cada vez mais o recurso que ilumina as circunstâncias da

---

40 Id., *La revolución urbana*, op. cit., p.11.

41 Id., *Pour Connaitre*, op. cit.

42 Goldman, *Las ciencias humanas y la filosofía*.

vida de todo dia. E que, pelas mediações cada vez mais ativas, como a educação, as tecnologias da comunicação e mesmo o púlpito das religiões comprometidas com os valores do esclarecimento em oposição ao afã oportunista do engano, é de fato a elaboração de um novo conhecimento de senso comum.

Ainda que já seja o da pós-modernidade, em uma busca social que é, ao mesmo tempo, busca de afirmação do conhecimento cotidiano fragmentado e redutivo. Como sintetiza David Lyon: "O pós-moderno […] refere-se sobretudo à exaustão da modernidade".[43] Portanto, uma modalidade de conhecimento baseada na alienação administrada, que não tem como atenuar a emergência das necessidades radicais que movem a sociedade em direção às transformações de sua superação e viabilização do projeto de "uma sociedade sem hierarquias, sem opressão e sem exploração".[44] O campo da consciência possível se modifica e sua eficácia encolhe, mas não se extingue.

Lyon assinala um aspecto importante da repercussão da pós-modernidade na concepção de objeto na sociologia fenomenológica. Portanto, a sociologia que toma o conhecimento comum como próprio e constitutivo do objeto: "Um dos temas mais básicos do debate pós-moderno gira em torno da realidade, ou falta de realidade ou multiplicidade de realidades".[45] Indicação de um significativo empobrecimento que sofre o conhecimento na pós-modernidade no que acarreta ao alcance e às possibilidades da sociologia de Alfred Schutz

---

43 Lyon, *Posmodernity*, p.6.
44 Heller, *Para cambiar la vida*, op. cit., p.151.
45 Lyon, op. cit., p.7.

e sua rica compreensão de uma sociedade de realidades múltiplas, a da modernidade.[46]

É nelas que a sociologia pode descobrir o sentido daquilo que não parece ter sentido quando a realidade é analisada nas limitações do atual. Em meu modo de ver, o reconhecimento sociológico das realidades múltiplas da sociedade, como o cotidiano, a arte, o sonho, e outras, aquelas que têm estilo cognitivo próprio e singular, pode ser situado na perspectiva dialética como tensões do residual. Na compreensão sociológica, busca se situar no âmbito da razão o que em outras perspectivas pode ser anomia ou indício de contradição. Ao horizontalizar as expressões da realidade, a pós-modernidade amplia o campo do desconhecimento e do empobrecimento do espírito e da consciência social.

Em perspectiva bem diversa e oposta, Ágnes Heller, que foi assistente de Lukács, tem outra concepção da pós-modernidade: "O que a pós-modernidade pretende é uma compreensão reflexiva da modernidade."[47] Alguns dos temas de Heller, em várias de suas obras, aproximam-se muito de temas e análises de Henri Lefebvre, como as referências às "necessidades radicais". Porém, sem citações. É o caso dessa interpretação da pós-modernidade, cujos atributos desconstrutivos e sociologicamente reveladores, porém, para Lefebvre são os da modernidade, neutralizados na pós-modernidade.

Trata-se de um cenário sociologicamente complicado em uma sociedade como a brasileira, cujas referências sociais são

---

46 Schutz, *El problema de la realidad social*, p.215 ss.

47 Ortega, *Agnes Heller* (entrevista), p.43.

pouco menos do que cicatrizes e mutilações de restos de épocas sociais e históricas, herdadas de outras sociedades e aqui insuficientemente realizadas. Nunca foram aqui "inteiras" e, dadas as condições persistentes de nossas singularidades sociais, nunca serão.

Temos sido, permanentemente, uma sociedade de presente sem futuro, insubordinada mas não revolucionária. E, nesse sentido, pouco propícia ao que Lefebvre define como práxis inovadora ou práxis revolucionária. Somos uma sociedade separada das condições sociais e históricas de superação de contradições e injustiças, cujas determinações limitam o alcance da práxis que tenta movê-la para além do agora, e, com ela, a revisão crítica do conhecimento cotidiano que nos rege e nos limita para que possamos mudar a vida.[48] O conhecimento do tempo da sociedade que é moderna, centrada no pressuposto da racionalidade das ações, e que não o é ao mesmo tempo, pois está constituída dos muitos resíduos sociais e culturais que a razão não captura e a história não atualiza nem reconhece como passado invasivo e constitutivo do presente.

Somos aqui uma sociedade de duplos e de duplicidades, nossa peculiar e brasileira coalizão insurgente dos resíduos não capturados pela ordem e pelo progresso; a coalização na interpretação sociológica que nesses desencontros é o modo brasileiro de vivenciar e de identificar fatores e causas de busca social e de necessidades radicais de atualização e consequente mudança, de que trata Henri Lefebvre.[49] Ou seja, "a necessidade, o carecimento e a consciência do carecimento". E, ainda:

---

48 Heller, *Para cambiar la vida*, op. cit., p.141 ss.

49 Lefebvre, *Métaphilosophie*, esp. p.152 ss.

Sociologia do desconhecimento

"É a partir da necessidade como carência que o homem explora um mundo de possibilidades, ele as cria, escolhe entre elas e realiza. Torna-se historicidade".[50]

De certo modo, a sociedade está de cabeça para baixo.[51] As ciências sociais podem investigar e explicar essa anomalia. No Brasil, a realidade invertida tem características históricas e antropologicamente próprias e peculiares. O que é peculiar está na margem da sociedade. Há todo um campo de inovação interpretativa que desafia os sociólogos à aventura dos novos deciframentos e das novas revelações. Novos desafios científicos que não estamos enfrentando com as escolhas temáticas apropriadas nem com os instrumentos teóricos adequados. Tentados à falsa originalidade da cópia, não vemos a riqueza de originalidade oculta na própria realidade, deformada pelos filtros de nossas dependências ideológicas.

Os desafios estão no cenário que os poderes e poderios disseminados tratam e interpretam como irrelevante, no modo de pensar e de viver a que estão supostamente condenadas as pessoas comuns, o homem simples, prisioneiro das coerções do imperativo da ordem. Em uma sociedade que é e quer ser muito mais a da ordem do que a do progresso, muito mais a do progresso pessoal do que a do progresso social, e nessa ilusão busca-se e não se encontra, porque é desafiada pelas contradições que lhe são constitutivas.

Não se trata de propor uma sociologia do pobre e da pobreza, o que já tem sido feito, e muito bem. A pobreza moderna, não só no Brasil, é sobretudo a pobreza de esperança, de ale-

---

50 Id., *Critique de la Vie Quotidienne*, II, op. cit., p.12.

51 "[...] em toda ideologia, os homens e suas relações nos aparecem de cabeça para baixo." Marx; Engels, *L'Idéologie Allemande*, p.23.

gria, de inovação socialmente criativa, de expressão, de acesso às abundantes oportunidades de emancipação social. Pobreza de nossa libertação social de todos os constrangimentos, limitações e insuficiências que aprisionam o espírito na estreiteza de um senso comum redutivo, que cega para a plena e apropriada compreensão da realidade social. Se não soubermos quem somos, e por que ainda somos o que não queremos ser, é pouco provável que possamos desenvolver uma consciência social que nos reconcilie conosco mesmos, que nos liberte de nossa alienação opressiva.

Portanto, a sociologia precisa reexaminar de modo crítico sua concepção do que é a sociedade, desde a ótica dos confins do humano em que nos encontramos, a ótica de nossa originalidade de sociedade da margem do mundo. Ela necessita se libertar dos parâmetros de uma sociedade fantasiosa que existe cada vez menos e se limita aos poucos, cada vez mais confinada no interior das muralhas de um imaginário de manipulação do querer e do agir.

A alienação social, que os primeiros sociólogos analisavam com alguma relutância, é hoje fenômeno disseminado e complexo.[52] A sociedade pós-moderna, que é esta, é uma sociedade economicamente capitalista eivada de anomalias sociais criativas e de injustiças pré-capitalistas. Uma sociedade que impõe insuficiências na abundância e sofrimento sob as fantasias do mundo do consumo, fantasias que não se realizam para a maioria de suas vítimas.

Estamos em face dos desafios da revolução social na vida cotidiana, a de mudar a vida em seus fundamentos, de nos empe-

---

52 Gorz, *Historia y enajenación*, op. cit.

Sociologia do desconhecimento

nharmos em identificar quais são nossas necessidades radicais, como as definem Henri Lefebvre e Ágnes Heller.[53] A necessidade do pão, mas também da festa.

Sem ver sociologicamente, não poderemos saber nem fazer o que é necessário para que o mundo em que vivemos reencontre, liberte e agregue os que foram usurpados de sua consciência social, como os operários e os trabalhadores rurais, e de seu direito ao próprio querer, mas também as categorias sociais que experimentam formas próprias de carecimentos em uma sociedade como esta.

A sociedade foi capturada pelo desconhecimento de si mesma, expresso em modalidades de conhecimento que estão aquém do que é propriamente conhecer: o senso comum pobre no lugar do bom senso, as ideologias no lugar da ciência e da consciência crítica, a mentira no lugar da verdade, o conhecimento de manipulação no lugar da liberdade de decisão.

O método sociológico que aqui adoto é o da desconstrução do aparente para nele descobrir o que nos está sendo ocultado por nós mesmos em decorrência da socialização enganadora que todos recebemos e continuamos a receber.

Este livro é um convite para que, pensando criticamente a sociedade, na busca e compreensão do que ela de fato é, deixemos entre parênteses nossas certezas sobre ela e mergulhemos no abismo das loucuras de seus mistérios com coragem e determinação científicas. O mergulho das descobertas.

Descrever o desconhecimento e desvendá-lo sociologicamente nas formas que assume, as da falsa consciência, é a proposta deste mergulho na escuridão de nosso avesso para buscar

---

53 Lefebvre, *La Proclamation de la Commune*, op. cit., p.20; Heller, *La Théorie des Besoins chez Marx*, op. cit., p.107-35.

ali as revelações de que carecemos para saber quem socialmente somos. Como lembra Lefebvre, que ressalta a importância sociológica do inverso e do inverso como lugar de rejeição social: "Os homens que a sociedade rejeita não são menos interessantes do que aqueles que ela integra".[54]

É um livro que se situa no processo do salto e desenvolvimento interpretativos da sociologia entre os três volumes da crítica da economia política, de Karl Marx, e, um século depois, os três volumes da crítica da vida cotidiana, de Henri Lefebvre.[55] É o da revolução na incidência dessa orientação de sociologia crítica, um salto que corresponde à grande transformação histórica da sociedade entre o modo de produção capitalista e a plena realização do modo de produção especificamente capitalista; da mercadoria da produção simples à mercadoria da produção propriamente capitalista, que já é outra;[56] da sujeição formal do trabalho ao capital à sujeição real do trabalho ao capital.[57]

---

54 Lefebvre, *Critique de la Vie Quotidienne*, II, op. cit., p.49.

55 Cf., respectivamente, Marx, *El capital:* Crítica de la economía política, tomos I, II, III; Lefebvre, *Critique de la Vie Quotidienne*, I, II, III. Este livro é um desdobramento do seminário de estudo sobre o retorno ao método dialético na sociologia, que organizei e dirigi, durante dezoito anos, na Universidade de São Paulo, sobre o conjunto das obras desses dois autores. A respeito, Martins (org.), *Henri Lefebvre e o retorno à dialética*. Sobre o lugar da obra de Henri Lefebvre em relação a essa grande mudança histórica e interpretativa, veja Jedlowski, Henri Lefebvre e la critica della vita quotidiana. In: Lefebvre, *La vita quotidiana nel mondo moderno*, p.7-31.

56 Dangeville, Présentation. In: Marx, *Un Chapitre Inédit du Capital*, p.24.

57 Marx, *El capital*, Libro I, Capítulo VI, p.54-62. Este texto, conhecido como *Capítulo inédito*, aparentemente, deveria situar-se entre os tomos I e II de O capital. Arico, Presentación. In: *El capital*, Libro I, Capítulo VI, op. cit., p.X-XI.

Sociologia do desconhecimento

A grande mudança que vai da concepção filosófica de alienação à sua concepção sociológica.[58] A mudança que revolucionou o tempo social e revelou a vida cotidiana e a temporalidade e a sociabilidade que a caracterizam, bem diversas das do tempo de Marx: na passagem da sociedade da produção industrial da pobreza à sociedade da escassez relativa na abundância absoluta, a da sociedade da riqueza imaginária e da pobreza real, das muitas carências modernas, como a da pobreza de tempo, que se refere Henri Lefebvre. A sociedade do pouco no muito.

---

58 Jedlowoski, *Henri Lefebvre e la critica della vita quotidiana*, op. cit., p.9.

Primeira parte

A sociedade do avesso:
o brasileiro da travessia[1]

Um número grande de brasileiros passou boa parte da história do Brasil perguntando-se: "Por que não somos de outro jeito?", ou: "Por que temos que ser assim, não sendo?". Na literatura brasileira há muitas indicações de que a história de como nos representamos e nos vemos é uma história do Brasil da cópia, uma história de brasileiros que imitavam e ainda imitam na tentativa de ser socialmente alguém. Em grande número de casos, tínhamos assunto, mas o estilo não era nosso. Em boa medida, continua sendo assim.

É, também, sem dúvida, a história, de início tímida, das tentativas de definir o que somos, uma história de busca. Em *Macunaíma*, de Mário de Andrade, nós nos achamos, mas sem nenhum caráter. O que éramos, não era. Em *Grande sertão: veredas*, de João Guimarães Rosa, somos o duplo de Diadorim, o

---

1 Versão revista de artigo publicado como capítulo do livro de Buarque; Almeida; Navarro (orgs.), *O Brasil e os brasileiros: por que somos assim?*, p.147-55.

que se vê não é o que se é: "Eu era dois, diversos?".[2] Mas um não ser que é também o aparente, o falso das formas, como bem observou Walnice Galvão em seu belo estudo sobre a obra desse autor.[3]

Há uma antropologia do imaginário brasileiro subjacente à obra de Guimarães Rosa, que é impossível não ler também como etnografia do brasileiro oculto e das ocultações do sertão que é o de nossa alma, desvendamento de nossos silêncios de entrelinhas, o dito não dito, que é o que nos regula e nos cala mesmo quando falamos.

Nas ruas, nos botequins, nas salas de aula, nas igrejas improvisadas do fundamentalismo de ocasião encontramos esse brasileiro inconcluso, nossa versão popular da maioria silenciosa dos países prósperos. O brasileiro que silencia na incerteza das urnas, mas grita e berra no protesto difuso e emocional das ruas, do querer indefinido, do saber sem sabedoria.

Nos botequins da periferia, a cachacinha de final de um dia de trabalho, do meio de caminho entre o trabalho e a casa, é dividida com o santo, no gole jogado para o lado, "para o santo". Os ignorantes acham que é gozação de bêbado. Não é. É rito religioso, tributo a Exu, que tem precedência até em procissão católica de roça, figurado em São Benedito, mesmo que a procissão seja de outro santo. Tributo à entidade que abre caminhos para nós, que nos faz adjetivos em relação ao outro, que não nos faz nós mesmos.

Não sobrevivemos sem mediadores, condutores, abridores de caminho. Estamos sempre à espera que um deles apareça

---

2 Rosa, *Grande sertão: veredas*, p.369.

3 Galvão, *As formas do falso*.

para nos dizer o que somos e o que queremos. Em 2017 estávamos perdidos, mais uma vez à espera de que ele chegasse para abrir o caminho que, imaginávamos, nos levaria a uma nova era nas urnas de 2018. Pela primeira vez em nossa história republicana, estávamos, e continuamos, com medo de que ele não viesse, como não veio. De que o rei dom Sebastião não retornasse da batalha de Alcácer-Kibir para nos libertar e nos conduzir. Para onde iremos sem ele e sem Exu? Para onde iremos se ele não nos apontar o caminho e não nos disser quem somos?

Desde pequenos, carecemos de certeza e de rumo, da palmada, do cinto e do chinelo que nos apontassem, nas dores de uma surra educativa, a direção da vida. A liberalidade educativa das últimas décadas parecia uma civilizada e libertadora orientação, que abolia os instrumentos de coerção na formação do caráter das novas gerações. Nossos pais sabiam como nos educar, só não sabiam educar para quê. Criaram uma geração liberalmente birrenta, cheia de direitos e isenta de deveres. Achavam que a liberalidade era em si mesma libertadora. Com essa formação, cada um saberia, depois, quem era e o que querer. Não sabem. Perderam-se no labirinto das liberdades abstratas.

Nas escolas, crianças e adolescentes irritados – porque se sentem infelizes e inseguros – são contra, contra o que não são. São, não sendo. São um futuro que é um abismo de incertezas, privado de esperança e do sentido de pertencimento. A escola é a grande indicação de que nos perdemos, de que não chegamos lá, ao lugar onde está nossa face e nossa identidade, o que pode dar sentido ao nosso querer.

Mesmo a sociologia patina no terreno escorregadio da indefinição. Somos o colonizado que persiste. No português falado no Brasil, o português cotidiano do homem comum, nossa língua não é a de Machado de Assis, mas a língua inconclusa do subalterno, do brasileiro que não é. Nas sentenças dessa língua, ou falta o sujeito, ou falta o objeto, ou falta o complemento. Sempre falta alguma coisa, que fica relegada ao entendimento de quem ouve, em geral de quem manda. Antigamente, de quem mandava na pessoa; hoje, de quem manda na conversa. É uma linguagem de subentendidos, dominada por um poder oculto, o poder incrustrado em nossa estrutura social profunda, a memória social que regula nossa mentalidade, nossos modos.

Em uma sociedade de escravos, não cabia ao cativo dizer a sentença com sentido, mas apenas a frase com sentido a ser completado por quem mandava nele. Euclides da Cunha, mestre da língua portuguesa, nos momentos finais e mais sangrentos da Guerra de Canudos, registra seu incômodo com o responder, perguntando, dos prisioneiros do Exército, nos interrogatórios a que foram submetidos: "Sei, não" – respondeu um curiboca aprisionado. Ou, no

> caso de uma mamaluca, quarentona, que apareceu certa vez, presa na barraca do comando-em-chefe. O general estava doente. Interrogou-a no seu leito de campanha – rodeado de um grande número de oficiais. O inquérito resumia-se às perguntas do costume [...], de ordinário respondidas por um "sei não" decisivo ou um "E eu sei?" vacilante e ambíguo.

> Ao sair da barraca, foi segura por um alferes e algumas praças e degolada.[4]

_____

4 Cunha, *Os sertões*, p.327 e 380-1; id., *Canudos*, op. cit., p.96-7.

Sociologia do desconhecimento

Ainda hoje descendentes de pardos, sertanejos ou caipiras, com frequência respondem com um "É, não". Concordar primeiro para em seguida discordar. Um saber de quem não sabe. Língua da relutância e da incerteza, expressão da estrutura social profunda, baseada em desigualdades que não se limitam aos índices calculados e manipulados por quem sabe fazer contas, mas não sabe compreender os que não contam. País de muita gente-número e de pouca gente-pessoa. O espelho do IBGE, dos cálculos, das planilhas vazias, não espelha o sujeito-Brasil. Nem que lhe perguntemos "espelho meu, espelho meu, quem sou eu?".

Gilberto Freyre fincou prestígio no tema da mestiçagem, real na pigmentação da pele, na indefinição racial, embora no vamos ver da vida os mestiços, que quase todos somos, cada vez mais não querem sê-lo.

Os mulatos, ou fingem que são negros ou fingem que são brancos. Os pardos, com razão, apresentam-se no Supremo Tribunal Federal, no exame de um processo sobre cotas raciais, motivado por decisão da Universidade de Brasília, para dizer claramente não o que são, e sim para dizer que não são negros.

A definição da cor dos nativos da nova terra, já nas primeiras horas da descoberta do Brasil, está posta nas cartas ao rei de Portugal em que alguns membros da tripulação das caravelas da frota de Pedro Álvares Cabral comunicavam-lhe a descoberta da nova terra. Pero Vaz de Caminha, muito naturalmente, antes que ideologias raciais forjassem as conflitivas máscaras dos brasileiros do futuro, afirmava: "A feição deles é serem pardos, maneira de avermelhados, de bons rostos e bons narizes, bem-feitos. Andam nus, sem nenhuma cobertura. Nem estimam de cobrir ou de mostrar suas vergonhas; e nisso têm tanta inocência como em mostrar o rosto".[5]

Também o Piloto Anônimo, em sua carta ao rei dom Manuel, dizia: "[...] o Capitão mandou deitar um batel ao mar pelo qual mandou ver que gentes eram aquelas, e acharam que eram gentes de cor parda, entre o branco e o preto, e bem dispostas, com cabelos compridos e andam nus como nasceram, sem vergonha alguma...".[6]

Em pouco tempo, pardos foi uma categoria estatística inventada por portugueses brancos no período colonial para definir a falta de qualidade, isto é, de brancura, dos nativos que Portugal havia conquistado. Por trás do rótulo, ocultava-se a diversidade enorme das tribos indígenas conquistadas, quase sempre inimigas entre si, unidas pelo rótulo de pardos e desunidas pelo ódio de muitas e sucessivas guerras entre elas. Os pardos eram uma classificação estatística, mas no dia a dia eram chamados de "negros da terra". "Negro" porque negra era a cor imaginária da escravidão, designação generalizada já na África pelos árabes, os primeiros traficantes.

Na autodefinição de muitas tribos de conquista recente, dos anos 1970, quando se deu o mais recente episódio de expansão da fronteira econômica em direção à Amazônia, descobriu-se que os nomes de várias delas não correspondiam ao nome que

---

5 Carta de Pero Vaz de Caminha ao rei dom Manoel, de Portugal, em abril de 1500, in: Pereira (org.), *Os três únicos testemunhos do descobrimento do Brasil*, p.35. Dentre as várias publicações das três cartas escritas nos dias da descoberta do Brasil, em abril de 1500, preferi as desta edição do historiador Paulo Roberto Pereira, pelo esmero e porque é bem cuidada e anotada.

6 Relação do Piloto Anônimo. In: Pereira (org.), op. cit., p.75.

Sociologia do desconhecimento

davam a si mesmas. Um caso significativo foi o dos suruís, de Rondônia, que se chamam a si mesmos de *Paiter*, isto é, nós, gente.[7] Os xavantes, do Mato Grosso, tiveram dificuldade para definir o branco que os subjugava, que lhes transmitia doenças mortais, que os maltratava e matava e lhes roubava a terra de que careciam para viver e ser o que sempre foram. Gente aquele branco não era. O ser vivo mais parecido com o branco era a onça que mata, come uma parte da caça e abandona o resto, mata por matar. Para poder lidar com eles, situaram os brancos na mesma família da onça, como um animal predador. De vez em quando, deveríamos nos ver no espelho da alteridade para conhecer quem realmente somos e nos educarmos para a civilização.

Os brancos, envergonhados, não dizem que são brancos porque isso não é politicamente correto. Porque, na verdade, mesmo os brancos branquíssimos daqui, país de imigrantes, são mestiços de vários brancos: brancos da Rússia com brancos da Itália ou com brancos da Península Ibérica ou com brancos da Alemanha ou com brancos da França. Todos brancos de segunda categoria, pois ainda não se sabe qual é exatamente a cor epidérmica da brancura.

Nossa primeira bandeira republicana era uma cópia da bandeira americana, com tarjas verde-amarelo, pois muitos republicanos achavam que estávamos nos igualando aos americanos, copiando-os. Dias depois, na tentativa de abrasileirá-la, a bandeira foi a bandeira do Império, erradicado o brasão imperial, substituído pela esfera armilar, com a tarja para a frase francesa e positivista "Ordem e Progresso". Da fase original, elimina-

---

7 Mindlin, *Nós, Paiter:* Os suruí de Rondônia.

mos a palavra "Amor", amputação muito significativa, não da cópia malfeita, mas da cópia mal-intencionada. No símbolo nacional, primeiro imitamos os americanos. Insatisfeitos, imitamos a nós mesmos, fazendo a República imitar o Império, com um toque francês.

Republicanizados na forma e abrasileirados no conteúdo, já no século XIX, primeiro imitamos os franceses. Quem tinha recursos, vestia-se como francês, tomava os melhores vinhos franceses, comia como francês. O grande fazendeiro paulista José Estanislau do Amaral, pai de Tarsila do Amaral, que vivia em uma de suas vinte e tantas fazendas, todas as noites tomava sopa liofilizada francesa, quando poderia mandar fazer uma sopa local e nativa, de sabor caipiramente nosso, com os legumes e verduras fresquíssimos de sua horta. Havia gente que mandava lavar suas roupas francesas em lavanderias de Paris para que não se estragassem nas mãos de rústicas lavadeiras de rio. Em algumas coisas, gostávamos de imitar os ingleses. Na quentíssima Rio de Janeiro, os membros do Senado e da Câmara usavam roupas negras de lã, cartola, cópia dos trajes do Parlamento inglês. Mas nunca conseguimos reproduzir as instituições inglesas relativas à liberdade de consciência. Importava o parecer, não o ser.

Nem o amazônico Império do Acre escapou. Foi inaugurado com um banquete importado da França, que de navio atravessara o Atlântico e subira o rio Amazonas, iguarias que traziam para a selva a política de imitação, refrescada com champanhe Veuve Clicquot. Com um toque brasileiro, um adorno labial, para o povo, os seringueiros, banana e cachaça.[8]

---

8 C f. Tocantins, *Formação histórica do Acre*.

Sociologia do desconhecimento

Nossas revoluções foram demarcadas pela imitação que adotávamos em cada episódio. O mais doloroso dos episódios revolucionários da história do Brasil foi o da Guerra de Canudos. Uma guerra ardilosa provocada pelos interesses particulares de um único fazendeiro e político, o barão de Jeremoabo. Aterrorizou o Exército da recém-proclamada República com a informação falsa de que no sertão de Canudos uma revolta de monarquistas fanáticos ameaçava o novo regime.

Na verdade, um grupo de místicos, devotos do Divino, identificados com a ideia do advento do tempo do Espírito Santo, movidos pela proximidade do fim do milênio na expectação de um tempo novo de justiça, fartura e liberdade, o tempo da festa comunitária.

A República sem povo e de reduzido número de cidadãos, nascida das ruínas do cativeiro, viu no povo o arcaico inimigo do modernismo político de um Brasil postiço. Combateu, com canhões, pobres caboclos refugiados em casas de pau a pique, prendeu, degolou, deportou. Antes de chegar a Canudos, como correspondente de guerra, Euclides da Cunha, também oficial do Exército, mandava seus primeiros escritos para o jornal *O Estado de S. Paulo*, em 1897, e falava que Canudos era nossa Vendeia.[9] Reprimimos gente inocente informados por um imaginário francês o que não compreendíamos como brasileiros. O Exército liquidou à bala o brasileiro que éramos em nome do Brasil que não éramos. O povo brasileiro de nossas Constituições é um povo hipotético porque nelas, e no imaginário que lhes deu forma e conteúdo, o brasileiro de carne e osso deixa sempre um resíduo e nelas não tem cabido. São artimanhas de

---

9 Cunha, *Canudos*: Diário de uma expedição, op. cit., p.7 e 161-76.

nosso fazer de conta que somos o que não somos. Não é casual, até hoje, que a verdade jurídica de nossos direitos não esteja na lei, mas nas entrelinhas da lei, na mutilação dos subentendidos e das premissas que tornam legal o que é ilegal, justo o que é injusto, honesto o que é desonesto.

Depois da Segunda Guerra Mundial, passamos a imitar os americanos, passamos a mascar chicletes, tomar coca-cola, tomar uísque, geralmente falso quando o hábito da bebida se difundiu. Passada essa onda, chegamos aos tempos pós-modernos das novas modalidades de imitação. A língua portuguesa falada no Brasil foi perdendo o patriótico sotaque nheengatu para os meros soluços de palavras americanas, porcamente pronunciadas. Portanto, o "somos assim" poderia se traduzir em "por que amamos nos desamar?". Que cara enxergamos quando nos olhamos no espelho?

Somos assim porque não somos. Passamos toda a nossa história, desde o início de nosso povoamento, nos desconstruindo. Os portugueses que para aqui vieram emprenharam as mulheres indígenas, geraram mamelucos em grande número, fizeram uma sociedade mestiça e implantaram instituições que separavam nitidamente quem era branco e gente e quem não o era porque a condição humana, desde os tempos coloniais, aqui era não uma qualidade, mas uma restrição.

Em recenseamentos do século XVIII, os mestiços de branco e indígena são designados formalmente como bastardos, filhos de ninguém, impuros de sangue (e, também, de fé). O *Diretório dos índios do Grão-Pará e Maranhão*, de 1755, aplicado ao restante do Brasil em 1757, aboliu formalmente a servidão indígena e levantou as interdições estamentais desse tipo que definiam o indígena como ser de segunda categoria.[10] Levantou as interdições estamentais degradantes nos casamentos de homens e mulheres brancos com mulheres e homens indígenas. Cancelou impedimentos de origem étnica ao exercício de funções públicas. No papel, porque na prática os mestiços e os próprios indígenas continuaram sendo gente de somenos.

De outra forma, os negros passaram por expedientes que circunscreveram sua integração na sociedade brasileira, mesmo quando livres e mesmo depois da abolição da escravatura. A invenção da classificação de negro aplicada aos africanos e seus descendentes os descaracterizou. Transformou-os em negros genéricos, os negros que não são o que originariamente haviam sido, na particularidade social e cultural das respectivas etnias.

O negro, aqui, foi uma invenção dos brancos. Na África os negros estão diferençados por etnias, culturas e línguas. Aqui no Brasil, ao assumir a classificação de negros que só falam português, deixaram de ser o que eram para passar a ser o negro de invenção branca. Só é negro porque não o é, o elenco de suas identidades de origem erodidas pela escravidão e em sua precificação como mercadoria pelo cativeiro e pelo mercado, destituído de humanidade, coisificado. Não raro, esconde-se o africano legítimo na subpersonalidade oculta e decisiva das entidades do candomblé que povoam o imaginário onírico da negritude, dos negros que não sucumbiram à cor repressiva do medo, a cor branca.

A duplicidade do negro forjada na repressão policial às práticas de sua religiosidade, no Rio de Janeiro, como mostraram Lapassade e Luz, expressou-se na fratura dos rituais, em um

---

10 Beozzo, *Leis e regimentos das Missões.*

mesmo terreiro. Até a meia-noite, a umbanda permitida; depois da meia-noite, o candomblé proibido e oculto.[11]

Até pela época da abolição da escravatura, os africanos e seus descendentes aqui no Brasil se definiam pela identidade de suas nações, de suas etnias, cujo relacionamento era atravessado por diferenças sociais e culturais e por conflitos estruturais. Suas sociedades de origem não eram e ainda não são sociedades harmônicas, justas e pacíficas. Havia e há diferenças profundas entre elas.

Não foi incomum que senhores de escravos, com a vigência do *Diretório dos índios*, agora formalmente livres, promovessem o casamento de antigos indígenas administrados com mulheres negras escravizadas. Com isso, os filhos desses casais, em que só a mulher era escrava, nasciam escravos, embora filhos de pai livre. É que a escravidão, por lei, vinha do ventre materno: ventre cativo produzia filhos escravos. Por isso, já no processo da lenta e gradual abolição da escravatura, houve primeiro a providência de libertar o ventre da escrava para que do ventre livre pudessem nascer crianças livres.

A extensa mestiçagem, com o indígena e com o negro, não nos libertou da falta de identidade. Somos, não sendo.

A cultura do não ser nos educa para a incerteza e perpetua nossa permanência na busca, na incerteza e na indefinição. O "Trenzinho do caipira", de Ferreira Gullar, que encontrou os trilhos de sua viagem na Tocata de Bachianas Brasileiras nº 2, de Heitor Villa-Lobos, diz bem: "Lá vai o trem sem destino" da viagem incerta, cheia de saudade pelo lá longe que não é o aqui nem o agora. A viagem dessa nossa busca interminável.

---

11 Lapassade; Luz, *O segredo da macumba.*

Sociologia do desconhecimento

O grande poeta brasileiro Paulo Bomfim diz, em um de seus poemas, que ainda espera seus antepassados que não voltaram do sertão. No século XVII, essa espera se transformou em uma cultura, um modo de vida, de mulheres sempre de luto à espera do marido ausente, em lugar incerto e não sabido, de volta até mesmo improvável.

A palavra mítica da língua portuguesa falada no Brasil é a palavra "sertão". Ela já aparece na carta de Pero Vaz de Caminha, nas primeiras horas da descoberta do Brasil. Palavra que designa a imensidão dos confins da terra diante do aqui em que estamos, o lugar do agora como apenas o começo de lugar nenhum. Sertão, na linguagem portuguesa de Caminha, era o fundo distante em relação à testada do território, o oposto da costa.[12] Pero de Magalhães de Gândavo, gramático português que morou no Brasil, menciona várias vezes a palavra sertão em sua *História da província Santa Cruz*, publicada em 1576 com poema-prefácio de Luís de Camões, seu amigo. Fica claro, então, o que era o sertão: o sertão não era. Não era um lugar, não era uma característica geográfica. O que para o Caminha de passagem e de alguns dias de permanência fora a profundidade da visão, na experiência do residente de um Brasil já estabelecido era um caminho e um percurso. Ele fala em um duplo Brasil: o das "partes marítimas" e o do "pelo sertão adentro". Quando se refere a apenas sertão, é para contrapor à costa. Mais adiante, "muito longe pelo sertão adentro". E, em um certo momento,

---

12 "Pelo sertão nos pareceu [a nova terra], vista do mar, muito grande, porque, a estender olhos, não podíamos ver senão terra com arvoredos, que nos parecia muito longa." Carta de Pero Vaz de Caminha ao rei dom Manoel, de Portugal, em abril de 1500. In: Pereira (org.), op. cit., p.58.

"terra adentro", o sertão encolhendo em face da ampliação da costa.[13] Sertão era, no século XVI, o movimento para um lugar longínquo.

Sertão acabou sendo o nome da lonjura, do que não se vê, do destino, do indefinido do perdimento e da incerteza, dessa penosa busca dos confins, nesse nunca chegar em que nos extraviamos desde o começo.

Lugar do refúgio: o êxodo das tribos indígenas, perseguidas pelos portugueses e pelos mamelucos, foi em direção à cabeceira dos rios que desembocavam na costa. Foi o do sentido inverso. Remanescentes de tribos que um dia viveram na costa são hoje encontrados no que foi um dia o sertão. Entre os numerosos prisioneiros feitos pelo Exército na Guerra de Canudos, muitos eram do povo tapuia, os inimigos dos tupi, que se aliaram aos portugueses na captura dos indígenas que não fossem tupis para escravizá-los.

Não é pouco o fato de que no regionalismo literário brasileiro, em um dos momentos significativos de nossa busca de identidade, a mediação provinciana da busca, seja o lugar de direção do movimento de nossa referência, o pequeno mundo, que se alarga no sertão imaginário e mítico. Como observou Guimarães Rosa, o sertão é o mundo, "está em toda a parte", em que o território da busca é pontilhado de travessias inconclusas.[14] Porém, "o real não está na saída nem na chegada: ele se dispõe para a gente é no meio da travessia".[15] É o lugar nenhum de nossas relutâncias, de nosso caminhar sem chegar.

---

13 Gândavo, *A primeira história do Brasil:* História da província Santa Cruz a que vulgarmente chamamos Brasil, p.106-114.

14 Guimarães Rosa, op. cit., p.9.

15 Ibid., p.52.

Sociologia do desconhecimento

Em nossa cultura das terras do sem-fim, só temos a alternativa de viver da saudade difusa do que não temos nem conhecemos, do não ter e do não ser. Nunca estamos onde nosso coração está; nunca somos o que gostaríamos de ser porque estamos perdidos no exílio em que nos vemos. Nossa consciência social é consciência de degredados que não podem se ver nesse território de desterro.

Nas últimas décadas, não por acaso, a partícula "sem" diz o que somos não sendo: sem-terra, sem-teto, excluído. O "sem" se tornou protagonista da história social e política do Brasil. Toda a nossa consciência política se reduz e se perde no negativo da falta de utopia e de esperança, de projeto histórico e político. É que gostamos de não ser e de não ter. Nós nos realizamos na inconclusão, no destino cinzento de vítima. Qualquer projeto político que se baseie na factibilidade é repudiado, porque considerado de direita. De esquerda é o sofrimento, a penúria, a cegueira, a alienação do conformismo e do inconformismo meramente verbal e queixoso. Não raro, o prazer pecaminoso do discurso pelos pobres dá conformação ideológica às nossas misérias e insuficiências reais e imaginárias. E na direita, mesmo, a que nos levaram nossos despistes e nossa tortuosa busca, a que se apossa de nosso querer neste melancólico 2019, nosso ser não é o que somos. Querem que sejamos o outro, não nós mesmos, a cópia dos que nos dominam e nos consomem.

Não buscamos saídas porque as saídas nos tirariam o prazer desse purgatório colonial, nos trariam para o mundo de hoje, nos obrigariam a chegar ao destino, nos obrigariam a ver no espelho do real nossa cara, a cara que não queremos ter. É no sofrimento do não ser que exercitamos nossa força, na peleja sem fim contra o Satanás de nossos tormentos.

A escritora Ruth Guimarães, de cultura caipira, que foi membro da Academia Paulista de Letras, excelente autora de contos e romances que retomam a tradição de nosso regionalismo literário, fez uma pesquisa etnográfica sobre o diabo na tradição brasileira.[16] Intuiu que, sem decifrar Satanás, nunca faria literatura enraizada.

O coisa-ruim é o dissimulado, o duplo, o que é e não é, o indeciso que decide, o alter ego da nacionalidade, o construtor do não construído, o que não edifica sobre a terra aquilo que permanece, porque está condenado a dispender seu tempo e sua vida na construção do mundo sem alma das profundezas, o mundo de cabeça para baixo, o mundo invertido em relação ao possível. O mero território das aflições e punições, privado de horizonte e de possibilidades.

Na imensa e fantasiosa peleja, podemos dizer, ainda com Guimarães Rosa: "O senhor sabe: sertão é onde manda quem é forte, com as astúcias. Deus mesmo, se vier, que venha armado".[17] Um jagunço demarca nossa consciência de capangas políticos, vicariamente alimentados pelo suposto poder dos que em nós mandam. Muitos poderão perguntar-se: como podemos ser de outro jeito se o jeito de nossa sina é esse? Que tipo humano poderia ter saído das reduções e das senzalas? Que personalidade fundante de uma nação poderia ter sido gestada nesses confinamentos e nas travessias permanentes, inacabadas e fantasiosas, em que o real está no meio, em que o porto de destino não chega nunca? E por essa via nem chegará?

As libertações nominais de 1757 e de 1888, de indígenas e de negros, não nos ressocializaram para apagar os grilhões de

---

16 Guimarães, *Os filhos do medo*.

17 Rosa, op. cit., p.17-8.

Sociologia do desconhecimento

uma personalidade brasileira estruturada para obedecer e servir, e não para sermos livres e criativos, não para sermos quem poderíamos ser e não somos. Tampouco a Constituição de 1988, que ampliou nosso elenco de cidadãos meramente nominais, nos trouxe para nós mesmos e para a condição de cidadãos ativos, que fazem sua própria história sem o fantasma das gerações mortas cujo peso nos retém no curral dos sem destino.

A desconstrução sociológica: revelações

A não costumeira desconstrução sociológica de temas costumeiros e de certezas, relativos à sociedade da incerteza e do tempo breve, é a motivação e o desafio deste livro. A desconstrução é um método revelador das sutis ocultações da realidade social. É a desconstrução das certezas interpretativas consolidadas, feita a partir dos resíduos de interpretação que foram ficando à margem do conhecimento sociológico.

Por ele, oriento-me na direção oposta à dos cânones científicos de referência universalizada para rever e reinterpretar aspectos desta sociedade pelo que é nela o avesso do ponto de vista acostumado. E pelo tempo fragmentário e curto que hoje domina nossa temporalidade de incertezas e abreviamentos dessa realidade sempre inacabada.

Nessa via do pensamento crítico e inconformista, articulo seus vários capítulos em um eixo unificador das observações derivadas de punções temáticas e indagativas na realidade social a que se referem. Poderia ter acrescentado capítulos baseados em várias outras situações documentais, diante das quais me vi em diferentes oportunidades, para expressar o chamamento que proponho por meio do que é próprio do artigo, da conferência, da palestra, da entrevista, do discurso.

O que importa é a prontidão do sociólogo para ver e interpretar a realidade social pelo ângulo não convencional do avesso e do instante, o tempo cada vez mais decisivo do supérfluo e passageiro, do que não é propriamente memorável. Aquilo que desde o começo já está socialmente condenado ao esquecimento.

Quanto mais nossa vida social é regulada pelo tempo breve, o das frações da temporalidade do cotidiano, em que a manhã já tem pouco a ver com a noite, o hoje com o ontem, o agora com o agora há pouco, o já com o até mais tarde, maior a incerteza que empobrece nossa práxis e desencaminha nossa consciência social. Alienamo-nos como pessoas e não nos desvendamos criticamente como sociedade que padece o embrutecimento de estar de cabeça para baixo.[1] Desconhecemo-nos para que o invivível viva e perdure.

Proponho aqui uma sociologia do desconhecimento apoiada nos questionamentos e interpretações decorrentes da própria sociologia do conhecimento de Karl Mannheim e nela inspirada.[2] E, também, na sociologia do conhecimento de senso comum, de Alfred Schutz, na formulação de Peter Berger e Thomas Luckmann.[3]

---

1 Marx; Engels, *L'Idéologie Allemande*, op. cit.

2 A obra de proposição da sociologia do conhecimento é a de Mannheim, *Ideología y utopía*, op. cit., p.2: "A tese principal da sociologia do conhecimento é a de que existem formas de pensamento que não se pode compreender devidamente enquanto permaneçam obscuras suas origens sociais."

3 Berger; Luckmann, *La construcción social de la realidad*.

Sociologia do desconhecimento

Questionamentos relativos à suposição do primado da racionalização crescente do mundo, da emergência de uma sociedade centrada no valor de troca e na submersão dos modos de viver e de pensar tradicionais, baseados no valor de uso.[4] Porque, e não obstante, silenciosamente persistentes nas sociedades e modos de vida da margem, como ocorre em boa parte da América Latina e da sociedade brasileira.

Uma sociologia do desconhecimento que toma como referência a perspectiva dessa margem da sociedade, a do modo de ver e pensar mais distante da objetividade científica e crítica de quem nela vive em relação às sociedades de senso comum mais rico e próximo do conhecimento erudito.

Com suas mediações e suas insuficiências e mutilações do possível, seus membros constroem um modo de pensar que é o da sobrevivência. É o mundo dos que, cada vez mais, não contam, a não ser em silêncio. Sua visão de mundo não hegemônica é residual, no entanto rege a vida de milhões de pessoas, sem voz, sem estilo, de pensamento impensado, reduzido a um senso comum pobre e à alienação que nele se expressa. O significativo nele não é deste tempo, mas este tempo é o que é por meio dele.

Mannheim estuda e desvenda os modos de pensar que têm estilo, os de conceber o que determinada sociedade é, que definem o sentido de uma época, como a do romantismo expresso no pensamento conservador alemão. Identifica e analisa as intenções básicas de uma sociedade determinada: "A ideia de que no fundo das diferentes maneiras de pensar há em definitivo diferentes maneiras de ver o mundo. Esse impulso básico

---

4 Mannheim, *Ensayos sobre sociología y psicología social*, p.96 ss.

determina o caráter de um estilo de pensamento".[5] São modos singulares de ver e reconhecer o modo social de ser. A centralidade social da alienação e do desconhecimento, em que se fundamenta, pede e propõe uma orientação metodológica própria ao tempo e à circunstância do não saber para poder viver.

Tomo como referência e objeto o pensamento sem estilo do homem simples. Embora ele pareça apenas o homem residual e insignificante da pós-modernidade, é, no entanto, o homem característico da época de negação da historicidade da vida social. A consciência horizontalizada que anula o que é próprio de cada tempo histórico, que indiferencia as épocas para instituir a sociedade homogênea mesmo em face de dolorosas diferenças sociais. Que apenas assegura a lógica mínima do repetitivo próprio da vida cotidiana, o fundamento estrutural do mesmo e da mesmice, do mundo reduzido ao poder das aparências, o das equivalências falsas que o torna possível.

É o que possibilita a manipulação das relações sociais e o contínuo restabelecimento da ordem pela ordem, onde a ordem está continuamente ameaçada por suas próprias irracionalidades e iniquidades. Suas contradições e tensões se mostram redefinidas pela multiplicidade de mediações do fenomênico, o historicamente possível é deslocado e minimizado pela diversificação de alternativas atenuantes da mudança social necessária.

Em decorrência, surge a sociedade do tempo do instante, que dá sentido ao que não tem propriamente sentido, senão como busca de nexos, de ordem, de ordenação no provisório de cada momento, no contínuo encontro e perda do que acaba sendo indevidamente considerado descartável. O que pede re-

---

5 Ibid., p.88.

Sociologia do desconhecimento

dobrada atenção em relação ao que, apesar de banal, mediatiza os rumos da sociedade nas estruturas sociais do imediato, de durabilidade referencial cada vez mais curta.

A etnometodologia de Harold Garfinkel revelou a força do senso comum na sociabilidade reduzida ao efêmero, como método de inferência e ação que as pessoas usam em seus assuntos cotidianos e supõem que os outros também usem.[6] Ao contrário de Max Weber, para quem o *sentido da ação* é reciprocamente referido e compreendido entre os sujeitos da ação social, para Garfinkel o *método cotidiano* de compreender e agir é que está referido reciprocamente.[7] A etnometodologia é, assim, a sociologia do conhecimento do método popular e cotidiano de construir as relações sociais.

Podemos entender, portanto, que nela se oculta uma técnica política de manipulação dessa nossa fragilidade, a força social do fragmento e do agora – o que difere da pressuposição sociológica corrente, que é a da relevância das grandes estruturas sociais ou do processo histórico na compreensão da sociedade contemporânea e de seus impasses.

Ao tratar de diferentes assuntos, eu o fiz usando a técnica de identificar nos pequenos fatos e no senso comum, nas ocorrências mínimas e na mentalidade popular, no aparente próprio da vida cotidiana, evidências e indícios do que vem se tornando a realidade social entre nós. São os materiais da análise sociológica desconstrutiva das grandes e poderosas invisibilidades da sociedade pós-moderna. A sociedade que não é

---

6 Garfinkel, The origins of the term "Ethnomethodology". In: Turner (ed.), *Ethnomethodology*, p.16-7.

7 Id., *Studies in Ethnomethodology*, p.76-7.

necessariamente mais que moderna, mas que em nome do moderno perdeu o sentido da diferença entre o que é moderno e referido à razão e ao racional, e o que não é moderno, referido à tradição e ao mundo dos sentimentos sem ser propriamente tradicional. A mescla uniformizante de orientações estruturais e de modalidades de consciência social de datações históricas desencontradas.

Não são persistências do passado. São renascimentos autodefensivos no atual, da sociedade que descarta humanos e condição humana para se reproduzir só com a cara e o modo de ser dos que podem e têm. A sociedade que só tem lugar para seres do poder e do ganho, personagens do engano necessário à sua reiteração, ainda que em desacordo com o que lhe é próprio, ao que pede sua historicidade que é igualdade na diferença, justiça social para sanear reiteradamente a fábrica de iniquidades que se tornou a sociedade capturada pelo ganho e pelo poder incondicionais. Renascimento e resistência que sobrevive no mundo simples da pessoa antes do advento do mundo do indivíduo coisificado, o dos vencidos pela manipulada pobreza de espírito.

São buscas nos âmbitos considerados por muitos como os menos indicados para localizar as instâncias empíricas relevantes do que a sociedade é.[8] Hoje, é muito diferente do que foi há meio século. São buscas no território do irrelevante, justamente porque é o espaço das ocultações e ilusões do que abriga as estruturas sociais profundas que regem a vida social em silêncio, as estruturas sociais em repouso, que se manifestam

---

8 Sobre a versão metodológica das instâncias empíricas relevantes, veja Fernandes, *Fundamentos empíricos da explicação sociológica*, esp. p.7-22.

Sociologia do desconhecimento

quando da ineficácia momentânea ou circunstancial das regras e valores conscientes que regulam o dia a dia da sociedade.

Em outra perspectiva, Maffesoli ressalta que "o tempo vivido socialmente e individualmente é o da repetição, da circularidade". E acrescenta, em linha diversa da que aqui adoto e que é a da análise crítica do repetitivo: "No interior de uma perspectiva linear da história, é necessário 'liberar-se' da imperfeição; no retorno cíclico do idêntico [...] que domina, sobretudo, o não senso, a incoerência".[9]

Em uma sociedade como a brasileira, no entanto, revelações sociológicas estão na dimensão heurística das perturbações do repetitivo e cíclico, que os desconstrói e explica. As revelações da margem e do avesso da sociedade. O que não raro a própria sociologia convencional desdenha, imobilizada nos cânones de um conhecimento que reluta em face do desconhecimento constitutivo do pós-moderno de insuficiências, a da superficialidade do moderno. Uma pós-modernidade crônica apenas na forma, nas colagens de temporalidades que não expressam nem desenvolvimento social nem superação de contradições sociais. Apenas insuficiências próprias de uma história social de resíduos,[10] permanentemente inacabada.

---

9 Maffesoli, *La conquista del presente:* Per uma sociologia della vita quotidiana, p.24. Uma concepção sociológica mais rica do que essa, porque aberta à diversidade de abordagens interpretativas da vida cotidiana, encontra-se em Pais, *Vida cotidiana:* Enigmas e revelações.

10 Diz Canclini: "[...] concebemos a pós-modernidade não como uma etapa ou tendência que substitui o mundo moderno, mas como uma maneira de problematizar os vínculos equívocos que este armou com as tradições que quis excluir e superar para constituir-se". Canclini, *Culturas híbridas:* Estrategias para entrar y salir de la modernidad, esp. p.3-25.

Essas características dos improvisos da pós-modernidade são cada vez mais decisivas na indecisão e nas relutâncias do tempo presente. Nessa situação social, o próprio sociólogo é cada vez mais testemunha e documento do observável. Cada vez mais a precarização da distância entre o tempo da história e o tempo da vida cotidiana torna difícil o trabalho científico da observação sociológica, exigindo do pesquisador inovações nos métodos para ver objetivamente o que se propõe embaralhado em visibilidades desencontradas. O que o obriga a um crescente interesse e um crescente cuidado com as questões metodológicas, com a prontidão de que as ciências sociais carecem em um mundo cada vez mais caracterizado e determinado pelas minúcias e pelos minutos. Já não há o tempo de que o pesquisador dispunha na época da sociologia clássica, a demora necessária à constituição do objeto como tal. Agora o objeto se metamorfoseia de um momento para outro.

Em um país como este, ao sociólogo é cada vez mais difícil a indiferença técnica da neutralidade ética e a segura distância entre a observação científica e a realidade observada. Seu inevitável envolvimento nos dramas e nos dilemas do vivido propõe-se-lhe todos os dias. Pede-lhe inovações de procedimento científico para conciliar a ciência com sua função de autoconsciência científica da sociedade.

No discurso ignorante e dos ignorantes contra as ciências humanas e contra os cientistas sociais, estão os elementos da guerra da versão pobre do senso comum contra a ciência, a arte, o trabalho intelectual. Contra aqueles cuja ética profissional lhes impõe a resistência ao aparelhismo e à coação da cumplicidade, o deboche, o pouco caso, o desapreço que expressam a pobreza de espírito do subdesenvolvimento político.

Sociologia do desconhecimento

Uma situação social em que o sociólogo é desafiado a ser não apenas o pesquisador que observa e interpreta a realidade social. Ele tem que ser, também, ao mesmo tempo, o observador que se observa no processo de produção do conhecimento científico. Ele não é o mundo, mas observador participante do que o mundo é.

A própria pós-modernidade repropõe o objeto da sociologia e a função do sociólogo em termos diversos do que nos pedia a sociedade há meio século, mas o faz com a redução da agenda investigativa aos temas e problemas propostos pelo processo de reprodução das relações sociais, despojando-a dos temas e problemas relativos à superação das contradições de que resultam. Ela é bloqueada ao possível que se expressa nas insubmissões irredutíveis próprias da modernidade.

Nos casos de situações autobiográficas de referência eventual na análise, que dela pode ser um recurso metodológico, o sociólogo é uma testemunha dos desencontros sociais do vivido, os vários sujeitos que cada um é ao longo da vida. Ele também o é. Nesse sentido, é uma fonte privilegiada de informação sociologicamente relevante. Pode estranhar o homem comum que também é e nesse estranhamento descobrir e interpretar as revelações dessa relação peculiar e única.

Em cada momento, ele é filho diferente das ressocializações cada vez mais frequentes nas sociedades complexas. As biografias já não são um conjunto coeso, um processo em direção ao finalmente que lhe dá sentido. São desagregações sem destino. Posso assumir essa orientação investigativa com base na tese de Peter Berger sobre a alternação biográfica, se a tomo como método.[11]

---

11 Berger, *Perspectivas sociológicas:* Uma visão humanística, p.65-77. O tema do estranhamento e de sua função metodológica na sociolo-

Tenho testado minha própria explicitação dessa proposta de Berger em alguns de meus livros, os do ciclo do subúrbio. Em meu livro *Moleque de fábrica*, utilizo minha biografia e minhas lembranças como fontes de uma análise sociológica da memória operária na região industrial do ABC, em São Paulo.[12] Eu já não sou a criança e o adolescente daquelas lembranças. Posso, assim, analisar minha história pessoal, que é uma história de rupturas, estranhamentos e descontinuidades, como fonte documental ao demarcar seus momentos. Karl Mannheim propõe as descontinuidades das gerações como fonte de consciência crítica da sociedade e causa do descontentamento e da criatividade transformadora da sociedade.[13]

Cada momento é dotado de um eixo singular de significações decorrentes das peculiaridades etárias definidas pela sociabilidade que, no entendimento que tenho de meu passado, lhe era própria. Na mesma pessoa, o sujeito de cada momento como um sujeito suficientemente diverso dos sujeitos dos outros momentos, em uma relação de estranhamento entre eles, como se aquele fosse um conjunto de pessoas e não uma única e mesma pessoa, a do autor. Pessoas que se conhecem profundamente, mas que não se reconhecem umas nas outras. Cada uma pode observar a outra como estranha. Nesse sentido, alteridades renunciantes da continuidade linear dos mo-

---

gia já aparecera no estudo de Karl Mannheim sobre a juventude: "Na linguagem da sociologia, ser jovem equivale a ser um homem marginal, um estranho em muitos aspectos". Mannheim, *Diagnóstico de nuestro tiempo*, p.44.

12 Martins, *Moleque de fábrica: uma arqueologia da memória social*. Adotei a mesma técnica em alguns de meus estudos sobre o subúrbio: id., *A sociabilidade do homem simples*; id., *A aparição do demônio na fábrica*.

13 Mannheim, op. cit.

mentos, suposta na concepção de biografia do senso comum. O oposto e metodologicamente desconstrutivo desse senso comum, condição de uma objetividade básica necessária ao trabalho científico.

Esse é apenas um detalhe do conjunto de problemas que envolvem a questão da objetividade do conhecimento na sociologia. É uma questão técnica para que o pesquisador logre interrogar a realidade e obter, por meio de um equivalente do método experimental, que é o método comparativo, informações sociologicamente relevantes para desenvolver sua compreensão da realidade que estuda. O que não significa desdenhar outros aspectos do real, nos quais essa orientação se situa: "Pode-se atingir um novo tipo de objetividade nas ciências sociais, mas não pela exclusão das valorações, e sim por meio da verificação crítica e do controle delas".[14]

Na perspectiva sociológica, a história pessoal, a autobiografia, na alteridade vivencial, é expressão e documento de uma modalidade peculiar de observação participante. Participo porque aquilo que eu quero socialmente não tem como não ser o querer da sociedade de que sou membro. Ainda que meu caráter seja também o querer mediado pela perspectiva crítica própria da ciência. Nessa sociedade fui socializado e nela tenho sido ressocializado, sempre que ela muda ou eu mudo, ou mudamos ambos.

Por dela participar, desse modo e nessas condições favoráveis à observação objetiva, posso vê-la sociologicamente.[15] Estou nela *como sujeito ativo do processo social e, portanto, como objeto*

---

14 Id., *Ideología y utopía*, op. cit., p.5.

15 Adoto aqui a tese de Peter Berger sobre a alternação biográfica adaptando-a ao entendimento sociológico de Freyer, *La sociología,*

potencial de conhecimento. Diferentes modalidades de conhecimento têm esse mesmo pressuposto. Mas também como sujeito de ação crítica e de inconformismo.

Já, enquanto observador, nela *estou como sujeito do processo de conhecimento,* outra pessoa. Desconheço-me e estranho-me para observar cientificamente o documento que sou. O pesquisador, nessa alteridade, é dupla personalidade de uma mesma pessoa, uma delas a do homem marginal, duplo e liminar, que vê e compreende de dois modos aquilo que vive e observa.[16]

Nesse procedimento, o sociólogo utiliza um dos sujeitos, o observado, que é ele mesmo, como cobaia e peculiar coadjuvante da pesquisa. Por conta desse bifrontismo, o sociólogo é o outro que domina, no entanto, os códigos do observado. O que os diferencia é o modo de ver o processo social e a história biográfica, pois vista de dois modos. O que significa, no entanto, que há uma dimensão triádica no método, não diádica. A visão propriamente sociológica não é a visão do observador na relação de alteridade com o observado, apenas um momento do processo do conhecimento. É a tripla visão, em que o pesquisador é antes o observável e observado, é quem observa e, finalmente, é quem se observa, observando. Só assim tem sentido, dialeticamente, a alternação biográfica como fonte de análise sociológica, a que

---

ciencia de la realidad, op. cit., p.342; cf., também, Fernandes, *A sociologia em uma era de revolução social,* p.95 e 309.

16 Ao eleger o homem liminar, sujeito de dupla socialização, como tema de pesquisa, Stonequist o propõe, de fato, como referência metodológica. Stonequist, *O homem marginal.* Cf., também, Fernandes, Tiago Marques Aipobureu, um bororo marginal. In: *Mudanças sociais no Brasil,* p.311-43. Agnes Heller se refere ao seu passado pessoal como referência do trabalho filosófico. Ortega (entrevista), *Agnes Heller,* p.21.

Sociologia do desconhecimento

se refere Peter Berger, em perspectiva meramente dualista, ainda que ele mesmo reduza sua concepção ao fenomênico.

A biografia é a história das descontinuidades, e não a do progresso biográfico contínuo. É uma função cognitiva que causa muita relutância nos cientistas sociais, no temor de se exporem quando na verdade expõem e interpretam o outro que há na subjetividade e nos enganos de cada um. A visibilidade desse outro, porém, só é sociologicamente rica quando a história pessoal é marcada por rupturas ressocializadoras que fazem de seus sujeitos essas várias pessoas que cada um é, e não uma só, que se estranham e se interrogam.

Em diferentes momentos da história pessoal, seja o dos intervalos da passagem seja o do finalmente, aquela pessoa se diferencia como privilegiada testemunha do que é a sociedade em que vive. Não raro, não sou eu, sociólogo, quem a usa como objeto e informante. Ela me usa como aquele que, ao se servir de seu conhecimento, se torna por sua vez seu objeto interpretador, quem lhe revela as significações ocultas e as contradições de sua biografia e das determinações sociais de sua história. Frequentemente, é isso que também acontece em outras situações e circunstâncias da observação sociológica.

Experimentei essa situação reversa em uma longa pesquisa que fiz na região amazônica. Fui usado por meus interlocutores que, ao responderem a minhas perguntas, estavam, na verdade, me interrogando sobre a sociedade que, sociologicamente, eu conhecia melhor do que eles. Na pesquisa, eu era a ponte entre o mistério que os oprimia e a dúvida com que tentavam decifrá-lo e vencê-lo.[17]

---

17 Martins, *Fronteira*: A degradação do outro nos confins do humano.

Encontrei pessoas assim em remotas regiões do Brasil, pessoas iletradas de grande lucidez social, não raro crianças, em decorrência de sua alteridade natural por força da concepção de criança desta sociedade.[18] Ainda que em menor número, encontrei-as, também, na região operária em que nasci e cresci. Não as encontrei, senão raramente, na classe média, mesmo na universidade. Quase sempre lhes falta a descontinuidade biográfica comum nas histórias de grandes transformações sociais que requerem sucessivas ressocializações para enfrentar sucessivas rupturas, para compreender o novo do incompreensível.

A grande dificuldade para a vocação de sociólogo reside no mimetismo próprio da classe média e da pobreza da alternação biográfica dos que nela se situam.[19] Não é incomum que a classe média usurpe identidade de outras categorias sociais. Mesmo pesquisadores têm sido tentados a se apropriar da identidade de seus interlocutores e informantes, o que vemos quando se referem a "meus negros", "meus índios", "meus operários" para se referir a seus sujeitos de referência na investigação. Isso indica dificuldade para o uso criativo dos instrumentos artesanais de que a sociologia dispõe na definição da situação social da pesquisa.

Como disse antes, tenho usado esse recurso em meus livros e artigos, nas análises sociológicas que desenvolvo.[20] Nesses estudos, a sociedade brasileira não é fingidamente estrangeira,

---

18 Ibid., p.101-29.

19 Remeto essa reflexão à análise de Karl Mannheim sobre a *intelligentsia*. Mannheim, *Ideología y utopía*, op. cit., p.136 e 142.

20 Cf., especialmente, Martins, *A sociabilidade do homem simples*, op. cit.; id., *A aparição do demônio na fábrica*, op. cit.; id., *A sociologia como aventura* (Memórias).

Sociologia do desconhecimento

não está lá longe, está aqui perto. E está perto porque ainda é uma sociedade de diferenças que anseia pela indiferenciação, porque alienada, que não se reconhece em sua própria e rica diversidade.

Aquilo que eventualmente não cabe na análise científica, porque dela resulta sempre um resíduo de compreensão que a razão não decifra, vai para a estética da poesia, da crônica e da fotografia, um modo paralelo de fazer interpretação social em face da dificuldade eventual para a interpretação sociológica.[21] Há mais pensamento social em obras de autores como Machado de Assis, Guimarães Rosa, Ignácio de Loyola Brandão, Ruth Guimarães, Anna Maria Martins, Lygia Fagundes Telles, José Lins do Rego, Érico Veríssimo do que em muitos livros de sociologia, e isso faz que nos aproximemos deles enquanto sociólogos.

Há sociólogos que se intimidam em face dos indícios do lírico na vida do homem comum. Aqueles que mutilam o método e selecionam os temas para ajustá-los a pressupostos ideológicos da ciência, que censuram a diversidade da realidade social. Para suprimir da compreensão sociológica o contraponto da poesia que há nos pequenos gestos e no imaginário da vida cotidiana ou relativizar e minimizar a poesia do que é propriamente poético.

É um modo de fazer da sociologia uma ciência reduzida à dor e ao sofrimento, aos pobres e desvalidos. Em vez de o pesquisador buscar e identificar, com a desconstrução metodológica, a poesia que há no imaginário social e, também, nos

---

21 Id., Coleção Artistas da USP; id., *Desavessos* (Crônicas de poucas palavras), p.11-14.

esquecimentos e banimentos que desdizem a sociologia trágica e dramática. Os que iluminam a brutalidade das carências descabidas que caracterizam a vida de multidões em uma sociedade como esta e que as privam da poesia necessária à superação de adversidades e limitações. Poesia que, no entanto, persiste, ainda que residualmente, nas entrelinhas das narrativas de privação e até de dor.

Henri Lefebvre, a partir de seu método triádico, vê isso na própria realidade observada, na prática: "Prática poética, ou melhor, poiética, que valoriza o vivido em detrimento do concebido e do percebido…".[22] Ou seja, seu método permite observar não só o real, mas a poesia do possível nele contido. "A dialética não se descobre o real e suas contradições, senão mediante a confrontação do real e do possível no nível da totalidade."[23] A poesia faz parte do método, da busca sociológica. É explicativa. No aparente da realidade social esconde-se a desigualdade, que é a do lirismo das temporalidades desencontradas, decorrentes dos ritmos desiguais do desenvolvimento social. Há mais sensibilidade à poesia da vida no artesanato intelectual da investigação do que no formalismo seco dos métodos que buscam a precisão matemática no modo de vida das sociedades imprecisas, como a nossa, e as do capitalismo insuficiente e pobre, como este.[24]

Antes de Lefebvre, o próprio Karl Marx reconheceu em suas densas explicações sociológicas a poesia propriamente dita que

---

22 Lefebvre, *Hegel, Marx, Nietxsche (ou o reino das sombras)*, p.238.

23 Ibid., p.250.

24 Tratei, mais extensamente, do tema do artesanato intelectual na perspectiva de uma sociologia da vida cotidiana em Martins, *Uma sociologia da vida cotidiana*.

há nas contradições da vida e nas ainda que dolorosas revelações do real.[25]

É o que diferencia marxismo, que é ideologia, e sociologia marxiana, que é ciência. Diferentes e opostas modalidades de conhecimento. A poesia como momento e premissa da metodologia científica. A sociologia como forma de arte, como a definiu Robert A. Nisbet, em um artigo de 1962, o grande, admirável e competente sociólogo da tradição conservadora.[26] Sem poesia não há nem pode haver ciência. Toda descoberta científica é uma aventura no território do sublime, do desafio do conhecimento de nós mesmos e de nosso mundo azul. Como exclamou Yuri Gagárin, surpreso, lá do espaço: "A terra é azul!", nosso primeiro e inesperado poema espacial em uma aventura da ciência.[27]

No prefácio a um livro de poesias da antropóloga Margarida Maria Moura, Antonio Candido entende que nesse caso a autora foi "capaz de ver nos grupos (de suas pesquisas) mais do que um objeto de estudo".[28] Meu entendimento, na análise que

---

25 "A revolução social do século XIX não pode tirar sua poesia do passado, e sim do futuro." Marx, O 18 Brumário de Luís Bonaparte. In: Marx; Engels, *Obras escolhidas*, v.I, p.205. Cf., também, Silva, *El estilo literario de Marx*, p.52 ss. O poeta e antropólogo Carlos Rodrigues Brandão identificou a poesia contida no capítulo 1 de *O capital*, que ele decompôs e que o inspirou em seu poema "A trama da rede". Brandão, *Diário de campo*: A antropologia como alegoria, p.48-57.

26 Nisbet, Sociology as an art form, *Tradition and Revolt*, p.143-162.

27 Entre nós, Octavio Ianni foi o sociólogo que mais cuidou para que sua sociologia tivesse a marca da mediação do poético, na escolha dos temas e na narrativa. Martins, Ianni, a poesia na sociologia, *Tempo Social — Revista de Sociologia da USP*, v.16, p.25-8.

28 Candido, Prefácio. In: Moura, *Ser tão sertão*: Testemunho de um trabalho de campo, p.15-9.

neste livro faço, é outro, é o de que o lirismo está no próprio e mesmo objeto sociológico, e não em outro e diferente objeto.

É a desconstrução propiciada pelo método regressivo-progressivo que permite localizar e identificar na realidade social esse lirismo, que lhe é constitutivo e revelador. Nele se expressa a impaciência do possível dos que têm consciência dos carecimentos radicais, fonte da insubmissão e da práxis inovadora.

Mas, como alerta o principal conhecedor da obra de Lefebvre, Rémy Hess, com o método regressivo-progressivo, "tentamos ver todas as possibilidades contidas na situação atual. Dessa forma, tentamos iluminar o futuro para trazer à luz o possível e o impossível".[29] Ou seja, também as condições e limitações sociais do possível.

O possível não é uma invenção ou uma hipótese. É uma construção da práxis inovadora possibilitada pelo conhecimento decorrente do método regressivo-progressivo no exame da própria realidade, revelador da poesia do invisível que há no visível, a poesia da historicidade.

Em um país como o nosso, em que a ignorância e o sectarismo descabidamente confundem reacionário com conservador, o verdadeiro conhecimento dessa tradição abre perspectivas, ilumina o obscuro.[30] Só por meio dela pode-se recuperar a concepção metodológica de totalidade concreta, premissa lógica da diferença da sociedade como objeto de conhecimento cientí-

---

29 Hess, *Henri Lefebvre et l'Aventure du Siècle*, p.181.

30 A leitura de Mannheim muito esclarece sobre o tema. Mannheim, El pensamiento conservador, *Ensayos sobre sociología y psicología social*, op. cit., p.84-183.

Sociologia do desconhecimento

fico, único caminho para chegar ao significado social e histórico das minúcias, de sua eficácia política e transformadora.

A noção de totalidade, que nos vem da tradição conservadora, repensada como totalidade aberta, diversa da totalidade sistêmica e a ela oposta, é essencial no método dialético, que põe a realidade de cabeça para cima.[31] Ou seja, totalidade em curso, em processo de uma totalização que não se consuma senão nas superações. O movimento totalizador que dá sentido histórico à práxis.[32] Em seus diferentes momentos repropõe a totalidade, na perspectiva da transdução, isto é, do possível. É o método sociológico da historicidade do social.[33]

Há em Marx uma diversidade de métodos orientados para capturar, descrevendo e interpretando, a pluralidade histórica da atualidade social, as contradições datadas e decifrativas que a constituem. Nessa perspectiva, como explica Lefebvre, há duas interpretações do processo do capital em Marx. A de seu desenvolvimento igual em *O capital*, propriamente dito, e a de seu desenvolvimento desigual, em *Grundrisse*, que o precede.

Tendo a dizer que a primeira corresponde mais à realidade dos países desenvolvidos e dominantes, e a segunda descreve e explica melhor sociedades como a brasileira, uma explicação mediadora da compreensão mais daquilo que somos em face

---

31 "A categoria de totalidade não suprime [...] seus momentos constitutivos em uma unidade indiferenciada, em uma identidade." Lukács, *Histoire et Conscience de Classe*, p.31.

32 Sartre, *Critica de la razón dialectica*, p.75.

33 Lefebvre, La notion de totalité dans les sciences sociales, *Cahiers Internationaux de Sociologie*, v.XVIII, p.55-77; id., *La revolución urbana*, op. cit., p.11.

do que não conseguimos ser, na diversidade dos capitalismos no mundo.

Além disso, é um processo complicado porque incide sobre uma realidade de busca, de ocultação e de metamorfose do próprio objeto durante a investigação científica, como sublinha Lefebvre: "O conhecer quer alcançar 'um todo' ou, melhor, 'o Todo'".[34] O "quer alcançar" se deve ao fato de que o objeto do conhecimento sociológico é um objeto dinâmico, diferente de outros objetos de ciência, no ritmo de sua metamorfose entre o começo e o fim da pesquisa: "O real muda durante a análise. Na hora da síntese, já mudou".[35]

Sem a referência à totalidade, na investigação e na explicação, caímos na lógica linear do estruturalismo de tipo althusseriano, que rotula, digo eu, mas não explica, o movimento histórico da sociedade.[36] Ou, como na obra de Maffesoli, uma mutilação do historicamente possível na análise sociológica. Ou, então, nas distorções dessa perspectiva, na redução da sociologia de Lefebvre ao fenomênico, despojando-a da historicidade e do possível, a práxis como mera e superficial ação cotidiana, do momento.[37]

É por meio da sociologia desconstrutiva, que decorre da premissa metodológica da totalidade concreta, da perspectiva e do percurso investigativo que ela possibilita, que se pode ter uma consciência científica das peculiaridades da sociedade bra-

---

34 Lefebvre, *Hegel, Marx, Nietzche*, op. cit., p.131.

35 Ibid.

36 Id., *Au-delà du Structuralisme*, op. cit., p.21-3.

37 É assim que interpreto o privilegiamento antidialético do presente na sociologia da vida cotidiana de Michel Maffesoli, de raiz weberiana. Maffesoli, op. cit., p.16.

Sociologia do desconhecimento

sileira naquilo que ela parece não ser, seu avesso. A explicação sociológica situada nos próprios componentes do fragmentário e episódico, que a desconstrução revela ao expor a datação dos momentos da realidade, sua gênese e as condições dessa gênese, os indícios de perecimentos e transformações, a historicidade na própria vida cotidiana, o possível e o impossível, o deformante e falso da linearidade e do evolutivo devidamente situado e explicado.

As revelações do método regressivo-progressivo, o desenvolvimento desigual da sociedade, a contradição entre a produção social, a apropriação privada de seus resultados, a reprodução social e a reprodução ampliada das contradições sociais, a tensão entre o reprodutivo, o mimético e o inovador em uma sociedade cada vez mais reiterativa e mimética.[38] E, também, o lírico da realidade que se revela nessa perspectiva, já antecipada pelo próprio Karl Marx, quando era estudante em Berlim, e ainda poeta, em uma carta que escreveu ao pai, às quatro horas da manhã de 10 de novembro de 1837.[39]

As estruturas sociais profundas, as do avesso, que, expostas na desconstrução sociológica, nos apresenta a sociedade,

---

38 Lefebvre, *Sociologia de Marx*, op. cit.; id., Problèmes de sociologie rurale, op. cit., p.78-100; id., Perspectives de sociologie rurale, op. cit., p.122-140. Cf., também, id., *La Production de l'Espace*, p.79-81.

39 Letter from Marx to his Father in Trier. In: Schafer (editor e tradutor), *The First Writings of Karl Marx*. A tradução da íntegra da carta para o inglês encontra-se em: https://www.marxists.org/archive/marx/works/1837-pre/letters/37_11_10.htm. Acesso em: 23 set. 2019. Com um pequeno recorte, a mesma carta foi publicada na providencial coletânea de documentos sobre a vida de Marx, de Kamenka (ed.), *The Portable Karl Marx*, p.11-12.

são desdenhadas por nossas interpretações, porque capturadas pelas ilusões ideológicas de uma busca da sociedade moderna que são mutilações enganosas e necessárias do moderno. Nossa práxis e nossa ação resultam no oposto do que buscamos, invertidas pelo avesso que nos regula. Indícios de que chegamos a um tempo da história social que é o tempo de não sermos o que somos, de parecer sem ser, nossos enganos capturados pelos poderes pequenos que florescem na trama de relações e de representações da pós-modernidade. A sociedade do repetitivo na minimização da possibilidade da transformação social e até da revolução no modo de vida. As necessidades radicais e socialmente transformadoras saciadas pelas ilusões da sociedade de consumo e pelas ilusões do reiterativo e dos mimetismos.

É a sociedade do homem pequeno e de seus poderes pequenos, os poderios que estão em todos os cantos e dobras da realidade, no âmbito da vida cotidiana, apoiados no imaginário de um senso comum pobre e cúmplice, de certezas fáceis e não de indagações difíceis, problemáticas, desafiadoras. [40]

O aparecimento, no cenário político internacional, na Itália, nos Estados Unidos e na Inglaterra e, também, aqui no Brasil, de governantes bufos, superficiais, autoritários, com assento nas mesmas cadeiras do poder em que já tiveram assento estadistas reconhecidos e carismáticos, expressa a institucionalização da coalizão do poder pequeno. É o fim da concepção de política que nos foi legada pela Revolução Francesa, centrada na figura do cidadão. E, no Brasil, nos foi legada por nosso republicanismo, ambíguo e de incertezas, mas que nos entreabriu

---

40 Sobre o pequeno homem do poder pequeno, Martins, O triunfo do poder pequeno, *Valor Econômico*, 06 set. 2019, p.3.

Sociologia do desconhecimento

a porta do possível. Ainda que sem realizá-lo plenamente nem compreendê-lo. Até mesmo sem desejá-lo, por insuficiência de clareza e de compreensão sociológica de suas revelações.

O que está acontecendo em países como o nosso não é um acidente de percurso. A sociedade capitalista chegou ao seu cume, rotinizou-se, qualquer um pode governá-la, como se estivesse no piloto automático do poder. Poder e mando se separaram, mas não se distinguiram. O discernimento já não é necessário para governar, o que abriu o caminho para o pequeno poder da subjetividade do mando, do senso comum pobre e da ignorância, o senso comum das referências sociais mínimas.

A reprodução do capitalismo nem carece, sequer, de trabalho direto. Já há fábricas e fazendas que produzem praticamente sem a necessidade de trabalhadores. Resta saber, produzem para quem? Essa é a grande incógnita do capitalismo sem o discernimento das ciências sociais.

A sociologia se vale de esquemas, teorias, sistemas interpretativos, métodos e concepções de método, herdados de uma sociedade que está deixando de existir. A desconstrução crítica das análises e interpretações é imposição dessa circunstância. Começa pelo inventário do poderio do avesso e do invisível, a realidade de nossos desencontros.

Historicamente, a sociologia trata da realidade social na perspectiva científica da certeza, da qual a ciência carece, mas que a sociedade não tem a seu próprio respeito. Os pesquisadores quantitativos calculam a margem de erro das observações que fazem para afastar o risco de que distorções e enganos da observação desfigurem o que é próprio do observado. Isso, porém, não define como erro de observação o que é "erro" da realidade, os que decorrem das contradições e da alienação social que é constitutiva da sociedade observada.

Na sociedade da incerteza, a sociologia continua sendo uma ciência da certeza, quando o objeto do conhecimento já não está na margem de acerto, mas, cada vez mais, na margem de erro. O erro, quando muito, é o erro técnico da observação sociológica, mas não reconhecido como o erro da "sociedade errada", isto é, constituída por contradições e irracionalidades.

Pode haver na sociologia uma ideologia da observação sociológica, o que diz o que a sociedade cientificamente deve ser, a sociedade "correta" e "exata", e que nem sempre aparece para o sociólogo como juízo de valor, ainda que o seja. Há cuidados científicos que o sociólogo, como outros cientistas, toma na definição dos problemas sociológicos de eleição em suas pesquisas. São recursos para neutralizar a interferência de sujeitos ocultos, coletivos e abstratos, nessas escolhas e, portanto, nos resultados da investigação.[41] Sujeitos legitimados por valores religiosos, morais, políticos ou econômicos.

No Brasil de hoje, a maximização do lucro e a produtividade na produção e nos serviços são valores acima de questionamento e debate. No entanto, a maximização do lucro pode disseminar técnicas e reestruturações da produção, com graves consequências sociais, como o desemprego. Na educação superior e na pesquisa científica, a premissa da produtividade

---

41 Jacques Guigou analisa essa interferência em um ramo da sociologia. Guigou, Le sociologue rural e l'idéologie du changement, *L'Homme et la Société* 19, p.93-100. Cf., também, Horton, The Dehumanizaiton of Anomie and Alienation: a Problem in the Ideology of Sociology, *The British Journal of Sociology*, v.XV, n.4, p.283-300.

Sociologia do desconhecimento

tem bloqueado a ciência, reorientado o interesse dos cientistas para atividades "mais produtivas" e o abandono de temas de resultados lentos e não raro incertos.

As incertezas desse tipo ficam nesta estreita margem da vida social, a do inexplicável. É o que pede, na pesquisa, mais do que o rigor das quantidades exatas e mensuráveis, os cuidados da sociologia do conhecimento, a que desvenda também a função histórica do desconhecimento. A que situa as condições e as determinações sociais do ato de conhecer e de produzir conhecimento e desconhecimento ativo sobre os processos sociais e sobre temas e problemas de investigação nos diferentes campos da ciência e da técnica. Basicamente, sobre o indeterminado, aquele a que se refere Henri Lefebvre: "Nós estamos muito longe de uma visão determinista da história, pois é a indeterminação que caracteriza nosso tempo".[42]

A ciência tem tido dificuldades para conhecer suas adversidades sociais, as originadas de campos de poder e de interesses outros que não os científicos, que a bloqueiam. Ela carece da interveniência da sociologia para identificar e explicar os fatores extracientíficos que determinam as condições sociais do trabalho científico.

As diferentes correntes da sociologia clássica propuseram-na como sociologia do engano, como conhecimento científico do autoengano que há na reprodução da ordem social, ao mesmo tempo responsável por seus problemas e insuficiências. A sociologia não é apenas a ciência *do que a sociedade é*, mesmo não tendo ela consciência objetiva desse ser. Ela é também a ciência crítica *do que a sociedade acha que é*, que confronta o que parece ser

---

42 Latour; Combes, *Conversation avec Henri Lefebvre*, p.17.

com o que é para compreender e explicar o desencontro entre esses dois níveis do real. E, nesse achar, se desconhece.

O tempo da modernidade tem revelado que é nela e nas incertezas sociais e do conhecimento correspondentes que estão alguns dos aspectos mais decisivos tanto do que se repete quanto do que se rompe e descontinua a ordem e as regularidades que asseguram à sociedade ser o que propriamente é.[43] Ainda que, cada vez mais, a ruptura e a transformação social sejam disfarces na práxis mimética, como interpreta Henri Lefebvre, a que nos faz modernos e inovadores quando justamente não inovamos socialmente.[44]

A pós-modernidade é, sobretudo, um modo de fingimento que nos torna maleáveis aos imperativos da ordem e dos poderes, os pequenos e insuspeitos poderes que regulam nossa vida cotidiana e que estão em todos os recantos da vida social, nas minúcias do imperceptível, nos silêncios enganosos.[45]

---

43 Lefebvre, *Introduction à la Modernité*, p.9-10 e 174.

44 Id., *Sociologia de Marx*, op. cit., p.17-41. Lefebvre distingue três níveis da práxis: revolucionário, mimético e repetitivo, contidos no processo social. À primeira vista, ele aparece como um processo linear e único, quando na verdade é triádico nas consequências que só chegam à consciência de quem age através da trama de mediações que expressam as contradições do real. Tomando como referência o comportamento mimético de Luís Napoleão que, como imperador, tentava repetir seu tio Napoleão Bonaparte, e confrontando a imitação com a realidade, Marx fez esta observação, muito citada: "Hegel observa em uma de suas obras que todos os fatos e personagens de grande importância na história do mundo ocorrem, por assim dizer, duas vezes. E se esqueceu de acrescentar: a primeira vez como tragédia, a segunda como farsa". Marx, O 18 Brumário de Luís Bonaparte. In: Marx; Engels, *Obras escolhidas*, op. cit., p.203.

45 Lefebvre, *Métaphilosophie*, p.18-9.

Sociologia do desconhecimento

É nessa situação adversa que cada vez mais a sociologia é necessária, mas cada vez mais, também, é nela que o sociólogo se defronta com as dificuldades para chegar ao que é sociologicamente verdadeiro e objetivo, nas deformações da autoconsciência social e no falso do real. Essa é a duplicidade própria do objeto das ciências humanas, que as outras ciências não conhecem. Justamente as ciências sobre as quais se ergueu o poder universitário, a autoridade sobre prioridades temáticas, sobre problematizações de investigação, sobre a destinação dos recursos materiais, sobre a própria concepção de ciência.

Um poder que demarca ou quer demarcar a margem de erro das ciências sociais, com base em pressupostos que são ideológicos, de uma deformadora ideologia da ciência e do cientificismo. Se os cientistas sociais a aceitassem, como infelizmente muitos aceitam, ficariam confinados no interior de limites que das humanas retirariam o que nelas é propriamente científico.

A verdade é que todos estamos nessa margem de erro. Estamos todos, na referência aqui adotada, no avesso da sociedade. Na sociologia da ordem, o avesso é anomia e alienação. Na orientação metodológica exploratória e desconstrutiva, todos nós somos o avesso e vivemos os dilemas da sociedade pelo avesso. A anomia tornou-se normal e a alienação é constitutiva da sociedade capitalista, mesmo em sua problemática versão subcapitalista, que é a nossa.

Nesse quadro, é inevitável a adoção de uma perspectiva de compreensão da sociedade que implique reconhecer nela um tempo que se confunde com a horizontalização do espaço, o tempo breve do instante e das incertezas que o definem, através da qual o pesquisador vê e reconhece o pouco visto e o pouco

95

reconhecido.[46] O que diz respeito ao que de fato a sociedade se tornou.

Mas precisa de um método e de um instrumental teórico apropriado para reconhecer as grandes dimensões históricas da sociedade, como a do possível, nos fatos pequenos e nos processos sociais do dia a dia. Onde os sociólogos de hoje, os que se renderam ao cerco de uma concepção institucional de ciência, não têm o hábito de buscá-los e de observá-los.

Há um menosprezo dos sociólogos da atualidade pelo que é minúsculo e, ao mesmo tempo, só tem sentido na perspectiva da poesia da historicidade. A que é a referência para compreender a grandeza libertadora e transformadora que pode haver, oculta, em um modo pequeno de viver, até mesmo na clandestinidade dos núcleos de refúgio do pensamento insurgente e crítico.

No mundo todo, e também no Brasil, há um conjunto imenso de realidades sociais, ambientais, econômicas e políticas criadas nos resíduos do que o grande capital e o grande poder desprezaram, porque comprometidos com a lógica do imenso. Não é ela a lógica da vida cotidiana e da prioridade da vida, a do homem que sobrevive e se rebela nas rebarbas da coisificação,

---

46 Fraya Frehse, a partir do método regressivo-progressivo de Henri Lefebvre e dos estudos sobre a vida cotidiana e sobre a revolução urbana desse autor, tem desenvolvido uma teoria sociológica própria da convergência do espaço e do tempo histórico. Frehse, A sociologia da vítima como sociologia do espaço. In: Frehse (org.), *A sociologia enraizada de José de Souza Martins*, p.99-121; id., En busca del tiempo en las calles y plazas de São Paulo. In: Montecón; Frehse (eds.), *Vivir y pensar São Paulo y la Ciudad de Mexico* – Trayectorias de investigación y diálogo, p.109-33.

Sociologia do desconhecimento

a da insurgência causada e iluminada pelas necessidades radicais que foram estudadas por Henri Lefebvre e Agnes Heller.

Para chegar a essa compreensão, é necessário situar a sociologia científica brasileira na perspectiva de seus momentos. Ela viveu um momento áureo entre os anos 1930 e meados dos anos 1960, seu momento inaugural. Foi quando definiu temas de investigação enraizados e inovadores em relação ao que se fazia e já se fizera na sociologia europeia e na sociologia americana. Em boa parte relativos à descoberta de quem sociologicamente somos e relativos à definição de uma consciência científica da sociedade brasileira. A sociologia proposta como instrumento democrático de educação e de mudança social.

Em seguida, passou por um longo período de busca e dispersão temática. Baseada ainda no pressuposto do período anterior, o de um compromisso maximalista com a transformação social, agora, porém, transitando do âmbito da educação para o âmbito da política. Apesar dos vários indícios, nesse período, de uma contratendência minimalista da realidade social em conflito com uma sociologia que quer indagar e explicar mais do que a realidade parece conter. Os de uma sociedade dominada por fatores de reprodução social e de reiteração de suas estruturas de permanência. Sociedade de uma historicidade crescentemente sufocada pelo poder do repetitivo, que atualiza e moderniza suas formas sociais, mas que não revoluciona suas estruturas sociais. Uma sociedade mais da aparência e da teatralidade que a aparência permite e pede.

Tendência que só no período atual abre uma agenda de problemas sociológicos que pedem inovações teóricas e metodológicas e constituem grandes desafios ao trabalho dos sociólogos. Os marcados pelo dilema entre os fatores do conformismo brasileiro, de um lado, e as brechas e contradições que no repetitivo abrem um caminho de fraca visibilidade e reconhecimento para reforçar a sociologia como ciência do possível. É mais difícil hoje ser sociólogo e não ser conformista do que era há meio século.

Isso propõe o desafio de reencontrar a sociologia clássica e nela as inovações metodológicas e teóricas que dela decorreram em face das transformações da sociedade. Libertas, porém, dos enquadramentos restritivos que as confinaram no falso dilema entre esta ou aquela orientação teórica.

A contraditória totalidade do real pede passagem. É o que sugiro e pratico nas análises que tenho feito de diferentes aspectos da sociedade brasileira, de vários modos uma sociedade que continua sendo uma referência do diferente e do não capturado inteiramente por modelos e orientações interpretativas que mais se aplicam a outras sociedades do que à nossa.

A sociologia desconstrutiva e crítica, em que se apoiam os textos aqui reunidos, é um instrumento eficaz para compreendermos sociologicamente essa peculiar sociedade dos avessos, que é a brasileira. A sociedade objeto desse terceiro momento. Uma sociedade do duplo e da incerteza. A das revelações do instante, perdidas nas dificuldades para reconhecer nas minúcias da vida social as sutilezas do que é propriamente o processo histórico e suas vacilações.

Em duas situações, de diferentes épocas, observei e analisei expressões vivas do duplo e da duplicidade no comportamento de pessoas simples. Em uma delas, quando me encontrei com o boiadeiro Aparecido Galdino Jacinto, no Manicômio Judiciário de São Paulo, ali confinado por determinação da Justiça Militar, acusado de subversão. Místico e líder de um pequeno

Sociologia do desconhecimento

movimento religioso popular, durante o regime autoritário, fora injustamente acusado de subversão. Na impossibilidade legal de fundamentar a acusação, a polícia política obteve de psiquiatras da instituição um diagnóstico de que era ele esquizofrênico paranoide. Ficou quase nove anos confinado em Franco da Rocha. Encontrei-o, com autorização do juiz corregedor dos presídios quando, em uma palestra promovida pela Arquidiocese de São Paulo, em sessão presidida pelo cardeal Dom Evaristo Arns, denunciei seu caso.

Na conversa com Galdino, percebi que ele usava uma dupla linguagem: o que dizia verbalmente, com muita e formal coerência e deferência, era acompanhado de sutis gestos das mãos. Os gestos não eram os de ênfase do falado, mas gestos desencontrados com o que dizia. Em uma linguagem gestual paralela, Galdino desdizia com seu silêncio o que estava dizendo de viva voz no cenário repressivo do hospício e de seu confinamento político.[47]

Em uma segunda situação, observei, durante vários e sucessivos dias, no bairro do Rio Pequeno, em São Paulo, que uma moradora de rua "construíra" em uma calçada, com objetos catados no lixo, amontoados ordenadamente, formando dois quadrados, uma casa imaginária de dois cômodos. Em cada quadrado fazia gestos de trabalho correspondentes à função simbólica de cada um. Seus gestos e sua movimentação nos quadrados vazios indicavam se estava na cozinha ou na sala-quarto e indicavam o que estava fazendo: cozinhando, arrumando, limpando.[48] Embora não estivesse, de fato, fazendo

---

47 Martins, *A militarização da questão agrária no Brasil*, p.113-127.
48 Id., A casa imaginária de Dona Fulana, *O São Paulo*, n. 2684, p.2.

nada disso. Os gestos e movimentos indicavam o mundo imaginário de seu pertencimento, de sua recusa de ser excluída e deportada para o nada da rua e, nela, de lugar nenhum.

O duplo, portanto, que se manifesta na dupla personalidade de pessoas na situação social de classe subalterna. Nos dois casos, evidências de uma sociedade em cuja dinâmica a vida cotidiana de um primeiro e imediato nível de conduta se compõe com a mediação de manifestações de estruturas sociais profundas e invisíveis. O duplo de uma sociedade repressiva e de privação da sociabilidade plena. De sociedade moderna, puramente superficial e aparente. O avesso que é, ao mesmo tempo, resistência e insurgência contra a repressão e a minimização dos simples.

O que não faz dela uma sociedade cuja explicação esteja divorciada do que nos mostram as teorias limitadas ao que o sociólogo pode ver sob a hegemonia das explicações científicas, elaboradas em função do que é característico das sociedades dominantes e de referência do pensamento sociológico. São um reflexo de um sistema de poder voltado para o controle social e político tanto do imaginário escravizado quanto da imaginação libertadora.[49]

Na perspectiva dominante, as sociedades à margem do mundo metropolitano, que as colonizou, acabam sendo vistas como sociedades defeituosas, incompletas, carentes de consertos e retificações que as aproximem dos valores e das condutas das sociedades que mandam no mundo. Nossos "defeitos" não estão no que somos, mas naquilo que de nós fizeram justamente para não sermos o que elas próprias eram

---

49 Lefebvre, *A vida cotidiana no mundo moderno*, op. cit., p.24 e 95.

Sociologia do desconhecimento

e são. Esse ser postiço, que nos perturba e nos engana, desafia as ciências sociais para que, por meio delas, possamos compreender e vencer nossos hibridismos e as supostas limitações de nossa consciência social. Nossa verdade é deturpada pelo alheio das interpretações consagradas pelos cânones que não nos consagram.

Desde que a sociologia científica foi implantada no Brasil, especialmente com a criação da Faculdade de Filosofia, Ciências e Letras da Universidade de São Paulo, em 1934, têm sido vários os sociólogos brasileiros empenhados no desvendamento de nossas peculiaridades sociais e culturais, as que nos fazem diferentes da realidade social que a sociologia das sociedades dominantes explica muito bem. Porém, quando aqui aplicada, a torto e a direito, explica o que não somos e turva a compreensão do que somos e até do que gostamos de ser e do que queremos ser. São os sociólogos insurgentes, os de nossa originalidade nas diferenças que nos caracterizam.

Uma corrente tardia do pensamento social tenta hoje difundir aqui, com o nome de "epistemologia do Sul", o que ainda é uma versão mais ou menos tropicalista de uma "epistemologia do Norte". Na verdade, uma sólida e densa epistemologia do Sul nos foi trazida e legada por Roger Bastide em sua busca de conhecimento sobre as realidades sociais profundas. Foi quando veio para a Universidade de São Paulo, em 1938, para substituir Claude Lévi-Strauss na cadeira de Sociologia da Faculdade de Filosofia, Ciências e Letras.

Ele veio em busca do conhecimento de uma realidade social que tinha características já irrelevantes na sociedade europeia, saturada pelo racional e pela razão. Características que a sociologia definira como anômicas, discrepantes da racionalidade social ou alienantes. As que já, então, a sociologia também definia como patológicas, socialmente problemáticas e irrelevantes.

Nós éramos o "anômalo". Bastide veio em busca das revelações sociológicas desse "anômalo", como realidades sociais que o desenvolvimento e a modernização haviam descartado ou marginalizado. Modos de ser, como os das diferentes tradições negras reprimidas e invisibilizadas.

Características decisivas das sociedades humanas, alcançadas pelos efeitos corrosivos e coisificantes do desenvolvimento moderno e da modernidade, com a sociologia passaram a ser tratadas como insuficiências, sujeitas a "correção" e a superação, não obstante seus fatores continuem a operar negativamente, pela força da riqueza e do poder multiplicados que a elas se impõem.

O imenso capital social e cultural próprio das sociedades tradicionais ou do tradicionalismo subsistente nas brechas da sociedade moderna passou a ser definido como negativo em todos os campos do conhecimento. Justamente essas características, em países como o Brasil, têm sido verdadeiros depósitos de tesouros reveladores a respeito da condição humana e de suas determinações sociais. Um laboratório vivo para pesquisas e estudos tanto sobre o que somos quanto sobre o que nos impede de ser o que podemos e queremos.

Um país de significativas sobrevivências dos vários tradicionalismos que definiram nossa identidade brasileira, originárias tanto dos arcaísmos que Portugal nos legou quanto das peculiaridades das sociedades indígenas e das sociedades africanas que a conquista e a escravidão nos deixaram. As dimensões positivas e emancipadoras de culturas cujo encontro definiu nossa identidade. São desafios para as ciências sociais e para os cientistas

Sociologia do desconhecimento

sociais, nossos traços de caráter, nossa sabedoria popular e diferente, nossa língua cotidiana doce e mansa, cheia de significados subjacentes, por meio da qual falamos o não dito, o oculto, a língua dupla de uma sociedade que foi formada para obedecer, mas carregada de ímpetos de desobediência libertadora e emancipadora, a língua das meias palavras e dos subentendidos. No fundo, nossa identidade secreta e insurgente.

A escola sociológica da USP, cujas tradições foram fundadas por Roger Bastide e seus assistentes, em particular Florestan Fernandes, desde o início propôs-se a descobrir o que a sociedade é naquilo que a sociedade dominante já não é. Esta, porque recoberta por adensamentos de um imaginário de acobertamento, por urgências de outra concepção da condição humana, a da pressa, limitada ao primado do lucro sempre maior, ainda que à custa de um humano que é cada vez menor. Essa sociedade brasileira é a mesma sendo outra, de um outro momento do processo histórico, bloqueada, reduzida e seduzida por insuficiências e limites.

Uma sociedade, enfim, em que a realidade se propõe invertida à consciência do homem comum, que não vê o avesso dela, mas nesse avesso se vê. Ele o pensa como desavesso, como um imaginário de ocultações e mistérios, no entanto lhe é real.

Nossas utopias, nossas fantasias, nossas esperanças, nossa alienação propõem-se dialeticamente no invisível que se esconde atrás do real e lhe dá sentido tanto nos equívocos que o movem quanto o explica para quem o vive. É o invisível do imaginário onírico e do cotidiano fragmentário e sem sentido cuja duplicidade demarca o âmbito do vivencial, próprio de uma sociedade como essa.

Para o pesquisador em fase de formação ou de formação inacabada, aí reside um certo risco de fundamentalismo sociológico, de uma sociologia superficial muito ao gosto de uma equivocada sociologia militante, que mais expressa desconhecimento do que conhecimento. A sociologia é uma ciência dos enganos e das ocultações que a sociedade cria nas representações distorcidas e insuficientes de sua realidade, para que possa ser uma ciência reveladora e explicativa. Como toda ciência, é uma ciência de questionamentos e desvendamentos dos mistérios e surpresas da vida social.

Mesmo trabalhos escolares das ciências humanas, caso de algumas dissertações e teses, mais narrativas e reportagens sociais do que, propriamente, trabalhos científicos, têm sucumbido à superficialidade fundamentalista da realidade supostamente sem contradições. Da história sem historicidade, da sociedade sem movimento, da explicação superficial e vazia à da colagem de conceitos inconceituais que não expressam senão a subjetividade desnorteada e anticientífica de autores de formação inconclusa. Um sociologismo ora palavroso, ora popularista ameaça todo o tempo a interpretação que é preciso fazer do Brasil. A crítica desconstrutiva possibilita situar explicativamente essas anomalias tanto do vivido quanto do interpretado.

Quando aqui me refiro à margem de erro, estou me referindo aos enganos sociais, do senso comum, e aos sociológicos, interpretativos, que decorrem das determinações desse avesso constitutivo do que somos. Não só as contradições, mas também o imaginário das contradições. A sociologia crítica opõe a esse imaginário social a imaginação sociológica, a desconstrução científica das armadilhas sociais que enganam o homem

Sociologia do desconhecimento

simples. Engano que é um recurso para que a sociedade se reproduza, em vez de se abrir para o socialmente possível nela contido e se transformar. Para que o homem comum se liberte dos enganos ideológicos que o subjugam ao repetitivo contra o transformador. Sigo, aqui, os passos da prudência científica de Henri Lefebvre.

Mesmo na versão pós-moderna do homem comum, aquele que ignora o avesso em que vive, porque alienado, aquele que ignora os instrumentos e revelações da sociologia, porque vivencialmente lhe convém. No geral, porque foi socializado para não saber o que é e o que, por meio dele, podemos.

O método da imaginação sociológica é o meio de revelar cientificamente o historicamente possível dessa trama de avessos e ocultações. A ciência serve para isso, e não para fazer do cientista um cúmplice dos enganos de um senso comum que lhe tolhe a vocação e a compreensão do destino da sociedade. Muitas vezes o imaginário pseudossociológico, em nome da suposta nobreza da militância política, não é mais do que instrumento de dominação do outro. No fundo, de quem é de direita pensando que é de esquerda.

Não só há uma margem calculável de erro nas análises que os cientistas fazem de determinado problema. No que diz respeito à sociologia, há uma margem de erro na própria vivência da realidade social pelos sujeitos que a constituem, não só no modo de fazer a investigação científica. A margem de erro diz respeito aos dilemas que dividem a sociedade, ocultados em sua alienação, que é, no entanto, sua consciência enganadoramente real. Sem ela, nem as contradições seriam acobertadas para que a sociedade que delas se nutre também se reproduza, a sociedade de cabeça para baixo, do caminhar invertido, da compreensão da vida e da realidade pelo oposto do que é.

Os membros da sociedade pós-moderna se enganam, ao não avaliarem racionalmente as condições de sua conduta possível. Enganam-se, no engano que pode ser racionalmente constatado. Mas também se autoenganam, sem saber que estão se enganando. Trata-se do engano necessário a seu ajustamento alienado aos padrões e valores da sociedade em que vivem. Enganam-se ao achar que estão acertando.

De vários modos e por diferentes caminhos teóricos, a sociologia tem reconhecido as diferentes formas do engano e tem desenvolvido interpretações que decifram causas e fatores do socialmente anômico ou do socialmente alienado ou do não racional. Um aspecto, porém, metodologicamente necessário para esses desvendamentos é a desconstrução tanto do percebido quanto do interpretado. O que se obtém, na observação sociológica, regressando aos momentos da totalidade do social, às suas origens e sucessivas formações, de modo a redescobrir fatores e causas, e a gênese das contradições que dela fazem uma realidade dinâmica, densa de possibilidades não realizadas e de obsolescências descabidas. Para, então, como propõe Lefebvre, voltar ao ponto de partida, a superfície do atual, com a consciência científica e crítica que dê sentido à unidade da práxis social.

O que se situa no âmbito da sociologia do conhecimento de senso comum e, nela, da sociologia crítica. Menos para situar o conhecimento e mais para decompô-lo e nisso desvendar como foi ele elaborado e se tornou eficaz e quais os rumos que contém e com os quais a consciência social pode escapar das ilusões da passividade e do conformismo. E, mais apropria-

Sociologia do desconhecimento

damente, no âmbito de uma sociologia do desconhecimento. Uma sociologia não para dizer que o engano é engano, mas para desvendar a relevância social e sociológica do desconhecer ativo, essencial à estrutura das relações sociais.

A margem de erro diz respeito, também, às funções e ao desafio das situações de anomia, enquanto situações necessárias ao funcionamento invertido da sociedade. Portanto, necessária à reprodução social dos equívocos que, desvendados pelo homem comum, tornariam impossível a reprodução do que é próprio das iniquidades sociais que fazem com que essa sociedade seja o que é e como é.

Nesse sentido, anomia não é apenas expressão de um desencontro estrutural na organização da sociedade. Pode, também, ser tomada como um método de revelação do que a sociedade não é porque não pode ser, a anomia como permanente causa de tolhimento da busca e da mudança. Sua desconstrução interpretativa é, por isso, um momento decisivo da práxis libertadora e transformadora.

Do mesmo modo, a margem de erro está também na alienação social, o erro historicamente necessário, que amortiza e vela a consciência social. Como observa Henri Lefebvre, "[...] o homem não se desenvolveu senão através da alienação; a história da verdade não se separa da história dos erros".[50] Nas meras regularidades da modernidade que busca superar esses obstáculos, no encontro da consciência com a realidade, não basta propor "de fora para dentro" a verdade esclarecedora. Sociologicamente, é preciso desconstruir, desfazer para compreender o modo como esses bloqueios foram construídos, a

---

50 Lefebvre, *Critique de la Vie Quotidienne*, I, p.264.

partir de quais fundamentos, porque assumiram as formas que os caracterizam. Ou seja, é objetivamente preciso penetrar na interioridade constitutiva da consciência social para, também "de dentro para fora", fazer o revelador percurso do que Henri Lefebvre define como método regressivo-progressivo na minúcia de bem cuidada etnografia de busca da historicidade do real, não só o próprio real.[51] Isto é, as tensões e antagonismos no corpo do processo social, os bloqueios e as possibilidades.

A sociologia tem se preocupado com o conhecimento de senso comum para nele desvendar como o homem simples pode superar essas adversidades e esses bloqueios e o quanto ele mesmo age nessa direção. O quanto a práxis inovadora não tem como não se propor, apesar do cerco de impedimentos comprometidos com a reprodução social contra a inovação social. Mas, também, o quanto a complexidade da sociedade contemporânea fragilizou os mecanismos sociais do autoengano e abriu o caminho para mediações de desvendamento e de transformação social no sentido da humanização do homem, da constituição da humanidade historicamente determinada do ser humano. Nesse sentido, a sociologia já não é tão somente a sociologia das certezas do Olimpo, mas também a das incertezas da casa, da rua, da vida cotidiana.

Na perspectiva quantitativa, as ciências sociais têm procedido ao cálculo da margem de erro de suas constatações na pesquisa para trabalhar apenas com a margem de acerto. Em países como o Brasil, e na perspectiva qualitativa, a margem de acerto

---

51 Id., Problèmes de sociologie rurale, op. cit., p.78-100; id., Perspectives de sociologie rurale, op. cit., p.122-140; id., *La Production de l'Espace*, op. cit., p.79-81.

Sociologia do desconhecimento

tem uma importância relativa. Diz respeito à probabilidade do reiterativo, do que permanece e, no geral, o que as concepções e os próprios interesses dominantes e de minorias querem que permaneça. No entanto, é a margem de erro que contém as informações sociologicamente relevantes para a compreensão do que a sociedade é não querendo ser. Isto é, suas invisibilidades e ocultações, as contratendências do processo histórico que, ao não dizerem respeito ao provável, podem dizer respeito, no entanto, às transformadoras incertezas do possível.

Radicalismo na democracia inacabada: inquietações[1]

I

Nossas inquietações desta hora são as inquietações decorrentes de mais um episódio de retorno cíclico ao lugar de onde não se sai. Expressam um traço persistente de nosso modo de ser. Parece uma condenação à impossibilidade de encontrar saídas. Além de um traço cultural, na verdade, trata-se de um despreparo e de um desinteresse crônico pela inovação em todos os campos em que ela é possível. Somos conformistas porque fomos e temos sido historicamente educados para não ousar, não querer senão o que querem por nós, não correr riscos. Arriscar é um traço essencial da cultura da inovação, que sem negar o existente procura transformá-lo para nele multiplicar o que há de melhor e mais necessário e superá-lo.

Nossa mentalidade política conformista é inconformada apenas com a mudança, a inovação. Mas nosso inconformismo,

---

1 Palestra sobre Polarização e radicalismo na democracia inacabada, na 71ª Reunião Anual da SBPC – Sociedade Brasileira para o Progreso da Ciência, Campo Grande (MS), 23 jul. 2019.

que há, se manifesta de vários modos na cultura popular brasileira. É ela caracteristicamente expressão de um pensamento binário, antidialético, a cultura do litígio e da maledicência. Se chove, falamos mal do tempo. Se faz sol, falamos mal do tempo. Se as coisas acontecem como gostaríamos que acontecessem e o dissemos no dia anterior, ficamos infelizes e passamos a satanizar o possível autor do acontecido. Sem contar que nossa visão de mundo, mesmo nas universidades, no que se refere ao que está fora dos estritos parâmetros da ciência, não explica as adversidades e os problemas pela busca de causas e fatores, mas de culpados. Culpa da burguesia, culpa do capitalismo, culpa dos ignorantes, culpa dos pobres.

O vírus da intolerante Santa Inquisição, mui pouco santa, contaminou nossas concepções cotidianas da vida e aí estabeleceu a conflitividade inócua de questionar sem saber, de querer mudanças sociais e políticas sem reflexão nem projeto de nação. Capturados por essa realidade de impossíveis, somos incapazes de ver no mundo em que vivemos as pluralidades, as diferenças, as alternativas, o possível da diferença como descoberta e construção social e política, como obra da conciliação e da invenção, só possível na busca e no encontro do que nos une e não do que nos separa e dispersa.

Somos historicamente autoritários. Só gostamos do outro quando ele é parecido conosco. Nosso narcisismo é extenso. Presos do outro lado do espelho, não vemos o oposto que nos nega e liberta ao mesmo tempo.

O Brasil é historicamente prisioneiro de uma polarização política que reflete e confirma outras polarizações, em outros campos da vida social, como a polarização religiosa e a polarização das diferenças sociais. Somos culturalmente incapa-

Sociologia do desconhecimento

zes de nos pensarmos como unidade na diversidade. Estamos condenados a uma polaridade deformadora e simplificadora.

Essa é a característica básica de nossas alienações, especialmente a alienação política. A alienação que estrutura nossos impasses e lhes dá permanência. Não conseguimos viver sem eles, sem os dilemas do beco sem saída.

Nós nos perdemos diante da possibilidade e do desafio da alternativa, da criação social, da inovação verdadeira e transformadora. Ficamos atônitos, de plantão, à espera do messias que nos levará ao caminho da salvação da pátria. Desde que ele seja nosso messias, não o messias do outro. Somos partidarizados, mas não somos politizados. É esse um traço sociológico de nossa democracia formal, superficial e inacabada.

Vivemos pelo menos meio século, ou mais, de sectarismo e desencontro, de busca para não buscar, em busca do encontro no desencontro. Esquerda e direita, nesse período, alternadamente, dominaram para não desenvolver uma cultura democrática e de libertação, de desalienação. Recriaram a política de curral para situá-la no âmbito da sociedade moderna. Modernizaram o atraso para mantê-lo, não para superá-lo.[2]

Os que nos querem conduzir, querem-no em direção ao mesmo e à mesmice. As mudanças sociais e políticas que empreendemos mudam a realidade na forma, mas não na substância; na aparência, mas não na consequência. Desde os tempos coloniais, nossa estrutura política é essencialmente a mesma, como já mostrou Victor Nunes Leal, polarizados entre a centralização enraizada no absolutismo monárquico e suas duradouras concepções autoritárias e a descentralização de nosso

---

2 Canclini, op. cit.

municipalismo oligárquico e sua deformada democracia.[3] Quando queremos democracia, caímos prisioneiros desse localismo interesseiro e corruptor, que não separa o público e o privado.

Temos, historicamente, duas corrupções, e não "uma só": a corrupção do varejo, própria do localismo, insidiosa, recrutadora de cumplicidades que se estendem por tramas de família, de amigos, de compadres, agentes de nossa contínua recondução ao beco sem saída. Essa é a corrupção tradicional, legitimada pelo patriarcalismo, que entre nós sobrevive de muitos modos. Nasceu na formação do Brasil, e foi alimentada pela economia pré-moderna, que se estabeleceu na grande lavoura escravista da agricultura de exportação.

Mas temos, também, a corrupção moderna, que pudemos ver e conhecer melhor a partir do mensalão. A corrupção mediada pelo grande capital e pelo pequeno caráter das pessoas pequenas. A corrupção das quantias tão grandes de dinheiros incontáveis, do dinheiro na cueca, na meia, na mala. A corrupção moderna que usa meios retrógrados para guardar e transportar dinheiro sujo, ou seja, de corruptos antiquados. A grande corrupção de amadores, que a ela chegaram por via política. Não é coisa de empresário normal, do capitalismo regrado, fundado em valores sociais. O verdadeiro empresário não rouba, não se locupleta, faz produzir e cria empregos. Na verdade, a corrupção caracteriza nossa pós-modernidade, vinculada ao circuito do grande capital, desterritorializada, por oposição à corrupção localista de base municipal.

---

3 Leal, *Coronelismo enxada e voto*.

Sociologia do desconhecimento

Para compreender cientificamente esse nosso melancólico hoje, é imprescindível decifrar causas e processos de nossas corrupções. Sem isso, nunca compreenderemos a sociedade que somos, a democracia que não conseguimos. Continuaremos nos arrastando em busca de democracia e achando que é democracia o que democracia não é, a convivência intolerante, o absolutismo infiltrado nas ranhuras da democracia sempre inacabada. Estamos sempre quase chegando lá, sem nunca chegar, pois não conhecemos a trajetória, não gostamos dela, temos por ela aversão, certezas demais e descabimentos demais.

Entre as duas corrupções, balança nossa política. São dois superpartidos, sem registro nem legalidade, a condicionar e fragmentar os partidos políticos oficiais em facções de interesse não doutrinárias.

Elas demarcam nossa alienação, nossa falsa consciência. A alienação que bloqueia nosso possível e nossas buscas. Sísifos, voltamos sempre ao mesmo recomeço na impossibilidade de inovar, transformar e superar.

Nesse quadro, resta-nos a pobreza de perspectiva da polarização ideológica, ou um lado ou o outro. Germe de nossa falta de saída que nos remete ao radicalismo de dois polos que são os mesmos. O verde-amarelo antibrasileiro de uma pátria postiça e retrógrada. E o vermelho da pátria ausente, que em nome do socialismo é, sobretudo, antissocialista. Polarizações que não são as das superações do atraso social, do atraso econômico, da ignorância e, mesmo, da pobreza e da fome. As de nosso partir sempre para não chegar nunca.

As ciências sociais, entre nós, não se puseram clara e firmemente a missão científica de ser as ciências de nossas diferenças e singularidades, de nossos bloqueios. Nosso avesso, que já foi

115

proposto e exposto pela literatura, do Machado de Assis de *O alienista* ao Guimarães Rosa de *Grande Sertão, Veredas*, clama pelo deciframento sociológico e antropológico para que finalmente possamos compreender nele o mistério de nosso possível e libertá-lo da cadeia em que a história da dependência colonial e do subcapitalismo o aprisionou.

2

A ruptura histórica representada pelo advento do regime militar, em 1964, pôs fim ao que foi internamente a repercussão da política da coexistência pacífica, na tolerância à diversidade ideológica e na opção econômica pelo nacional-desenvolvimentismo. No curto período, que ganhou sua maior intensidade no governo JK, a sociologia brasileira aprofundou seu interesse pela pesquisa sobre os obstáculos ao desenvolvimento econômico e social, que ganhara importância temática nos anos 1950, com os estudos sobre a resistência à mudança social. Já antes, com a criação da Universidade de São Paulo, em 1934, as ciências sociais foram implantadas na universidade como instrumento científico de desvendamento dos bloqueios que nos aprisionavam à sociedade tradicional e aos arcaísmos de um Brasil colonial.

De vários modos, nossa sociologia e nossa antropologia se dedicaram a essa dificuldade da sociedade brasileira. Nossas ciências sociais procuraram um rumo próprio para estudar e explicar as dificuldades para que a sociedade acompanhasse o dinamismo da economia. Tudo foi situado no âmbito das chamadas resistências à mudança. Procurava-se desvendar os fatores sociais e culturais, mas não necessariamente os políticos,

Sociologia do desconhecimento

do bloqueio. Começávamos a decifrar o que era o capitalismo e as dificuldades para o desenvolvimento do capitalismo no Brasil. Sem dúvida, a herança da escravidão estava difundida e era forte. Não só nas relações de trabalho, fora dos marcos próprios da contratualidade laboral da sociedade capitalista, mas também na mentalidade servil que determinava nosso modo de ser político ou de ser trabalhador. Mesmo o empresariado estava ajustado à tutela e ao assistencialismo financeiro do Estado. A economia não se movia; era movida por fatores extraeconômicos, as empresas no geral dependentes do favorecimento do Estado.

Fernando Henrique Cardoso, em uma conferência do final dos anos 1970, publicada em coletânea de Paulo Sérgio Pinheiro, chamou a atenção de seus leitores para a peculiaridade da história política brasileira: a independência ocorreu já mediada pelo transplante da estrutura do Estado português com a chamada transmigração da família real em 1808.[4] Aqui, não tivemos propriamente uma revolução da Independência. O próprio herdeiro da coroa de Portugal fez a proclamação dessa independência em um fim de tarde na colina do Ipiranga. O Estado teve de criar a sociedade civil, o que foi muito diferente dos outros países da América, que se tornaram independentes através de revoluções políticas. Herdamos essa crônica dependência da sociedade em relação ao Estado, o que amenizou e não raro tolheu nossa criatividade social e política, nosso protagonismo, nossa práxis.

---

4 Cardoso, O Estado na América Latina. In: Pinheiro (org.), *O Estado na América Latina*, esp. p.81-5.

Chegamos à sociedade moderna sobrecarregados de tradicionalismo e de atraso. Ainda temos escravidão no Brasil. Há cerca de dois anos, a polícia recebeu a denúncia de que um traficante de mão de obra estava vendendo dois bolivianos na feira do Pari, não longe do centro da cidade de São Paulo. O preço era de mil dólares cada um. O número de trabalhadores em cativeiro, no Brasil, no campo e na cidade, ainda deve rondar o de 20 mil pessoas, no geral brancos ou mestiços.

Euclides da Cunha, que no começo do século XX estava fazendo trabalhos de engenharia no Alto Purus, na demarcação da fronteira, a serviço do governo federal, descreveu o novo escravismo do regime do barracão, como foi chamado, nos seringais da Amazônia. No geral, nordestinos para lá emigrados para cortar seringa, escravizados no endividamento com a sobrevalorização especulativa com o transporte, a alimentação, as ferramentas, o vestuário.[5]

Euclides já havia chamado a atenção para o fato de que o processo político brasileiro se processava pelo avesso. No Império, os liberais propunham as transformações sociais necessárias, como a abolição da escravidão. Mas eram os conservadores que realizam e viabilizavam os projetos liberais.[6] Tudo invertido. Foram os conservadores que aboliram a escravidão em 1888. À abolição se opuseram os republicanos, que nasciam como partido político de uma orientação doutrinária supostamente comprometida com a premissa da liberdade da pessoa.

Mesmo assim, o trabalho livre não nasceu aqui como trabalho assalariado, mas como trabalho vinculado a uma certa

---

5 Cunha, *À margem da história*, p.22-6.
6 Beiguelman, *Formação política do Brasil*, p.36-8.

Sociologia do desconhecimento

sujeição pessoal do trabalhador a seu patrão. Trabalho de um capitalismo que nessa modalidade de relação laboral, apoiada na economia de exportação de produtos tropicais, como o café e o açúcar, era voltada para fora, e não para dentro. Não se baseou na prosperidade do crescimento do mercado interno, mas se conformou com a pobreza de um mercado limitado de gente pobre.

Somos por isso uma sociedade de história lenta, ao contrário das sociedades de referência da sociologia clássica, sociedade ainda dividida entre alternativas improváveis, o que nos põe diante da tarefa científica de recolher e sistematizar a originalidade fragmentária da reflexão sociológica sobre a sociedade brasileira para nos reencontrarmos explicativamente. Uma sociologia de nossa diferença e, também, de nosso tempo.

Nos anos 1950, firmou-se aos poucos a concepção de que nosso dilema era entre capitalismo e socialismo. Um socialismo que fosse o desdobramento histórico do nacional-desenvolvimentismo. Mas o capitalismo estava bloqueado pelos diferentes atrasos que nos caracterizam, as diferentes impossibilidades, as dificuldades para a realização do possível da sociedade brasileira. De certo modo, era outra variante do que fora a problematização das chamadas resistências sociais às mudanças. O socialismo, no fundo, desbloquearia nosso capitalismo empacado.

O socialismo era uma hipótese razoavelmente vaga e utópica, tolhida pelas muitas inviabilidades próprias de uma sociedade atrasada. O país estava bloqueado por fatores geopolíticos e pela crescente fragmentação dos partidos de esquerda, sem clareza sobre o que é o capitalismo, sobretudo o capitalismo subdesenvolvido do Brasil, em boa parte o capitalismo dependente e da cópia. É impossível pretender opor alternativa ao capitalismo que não seja desenvolvimento social, econômico e político engendrado pelas singularidades desse mesmo capitalismo. Socialismo, como capitalismo, não sai de manuais de ação política. Sai das contradições e possibilidades do processo histórico. Sai "de dentro", não "de fora".

Fernando Henrique Cardoso, em sua tese de livre-docência, de 1963, *Empresário industrial e desenvolvimento econômico no Brasil*, conclui o texto sobre o empresariado brasileiro com esta dúvida: "No limite a pergunta será então, subcapitalismo ou socialismo?".[7] Poucos meses depois, o golpe de 1964, no marco da Guerra Fria, e portanto das orientações geopolíticas que o determinaram, deu a resposta. O próprio Fernando Henrique Cardoso seria a primeira vítima política do novo regime na Faculdade de Filosofia, Ciências e Letras da Universidade de São Paulo, o primeiro a ser procurado pelo Dops, a polícia política, e a partir para o exílio.

A pobreza das análises voltada para a militância político-partidária revelou-se na cegueira quanto à diversidade de protagonistas, atores e forças políticas e econômicas a atuar no fundo da cena histórica e a obscurecer a realidade crua do processo social. Falávamos em burguesia nacional, que já não era nacional nem podia ser, nossa heroína contra o imperialismo americano. Falávamos em burguesia contra o latifúndio feudal, que era latifúndio mas não era feudal. Era apenas lucrativamente retrógrado porque lucrava com o trabalho barato de nossas propositalmente atrasadas relações de trabalho. Queríamos combater o latifúndio com a reforma agrária, sem levar em

---

7 Cardoso, *Empresário industrial e desenvolvimento econômico no Brasil*, p.187.

Sociologia do desconhecimento

conta que o latifúndio era um dos pilares políticos do Estado e, portanto, apoiado em sua enorme força militar moderna. Era, sobretudo, pilar de nosso sucedâneo de acumulação primitiva de capital. Não pela liberação das terras ao uso capitalista, mas por seu monopólio de classe para uso não capitalista e barateamento dos fatores de reprodução ampliada do capital nos setores mais desenvolvidos da economia.

Não sabíamos que desde a Lei de Terras, de 1850, o Estado brasileiro desenvolvera a estratégia de associar o capital à propriedade da terra, fundamento de todas as distorções e iniquidades de nosso capitalismo rentista. Fundamento de nosso subdesenvolvimento crônico, no atraso constitutivo da face mais moderna e desenvolvida da economia e da sociedade.

O Brasil tem sido, historicamente, uma realidade social expressiva e exemplar do desenvolvimento desigual. Não estou me referindo apenas à concepção dualista de Jacques Lambert, em suas formulações sobre *Os dois Brasis*, territorialmente diferentes na pobreza e na riqueza.[8] Estou me referindo ao fato de que o desenvolvimento econômico brasileiro é estrutural e brutalmente desacompanhado do desenvolvimento social, que se torna desigual, no campo mas também na cidade. Aqui, a sociedade é historicamente atrasada em relação às possibilidades da economia. Atraso cuja superação depende de um projeto político de nação, de uma práxis política transformadora, que dependem, por sua vez, de partidos políticos que não temos.

A crise social brasileira, que se evidencia no alarmante desemprego e no subemprego, na urbanização patológica, na multiplicação do número dos sem lugar e sem destino, não

---

8 Lambert, *Os dois Brasis*, p.80.

se resolverá com saltos tecnológicos que tornam obsoletos e descartam, diariamente, milhares de trabalhadores. Imenso capital social, representado pelas competências sofisticadas de trabalhadores rurais e urbanos, é jogado no lixo da história e no desamparo. A alternativa que representam é entre nós criminalizada porque as mediações políticas que procuram dar sentido e direção à sua competência criativa estão despistadas, teoricamente subjugadas por um pensamento político pobre e antissociológico. Refiro-me, em particular, aos altos e baixos do MST – Movimento dos Trabalhadores Rurais Sem Terra – e outros movimentos similares, que agregam os que foram ou estão sendo descartados da economia e embargados por uma reforma agrária lenta e pobre. Justo em um país de extensão continental, em que há gente que descabidamente passa fome. São vítimas não só do Estado omisso e despistado, há quase vinte anos aprisionado nos falsos dilemas do contra ou a favor, da bipolaridade não criativa. Mas também vítimas dos que falam em seu nome, que delas fazem objeto de uso da política monocórdica do nós ou ninguém.

Nossa confusa sociedade moderna, que nisso vemos, não é a do moderno e dos modernos, mas a da modernosidade e dos modernosos. Somos, assim, pós-modernos desde sempre, como observou Néstor García Canclini em um referencial estudo sobre a América Latina.[9] Ou seja, sem ser propriamente modernos. A pobreza é o tributo que pagamos por essa pós-modernidade sem modernização dos direitos sociais. Uma pobreza relativa, a das permanentes insuficiências em face do possível, que nos dizem sempre que valemos menos do que somos.

---

9 Canclini, *Culturas híbridas*, op. cit, p.191-235.

Sociologia do desconhecimento

Quando era secretário da Saúde de São Paulo, o professor Walter Leser mandou fazer uma pesquisa sobre causas de morte no estado. Foi constatado que milhares de pessoas morriam de doenças tratáveis, para as quais havia remédios e medicina. Essa é uma das muitas formas de pobreza que expressam a distância entre o real e o possível. Nestes dias, os jornais publicaram a notícia de que, em uma das grandes cidades do Nordeste, um pequeno menino havia sido operado do coração, tivera alta e voltara perfeitamente recuperado para os pais, moradores em um barraco de favela. O tudo e o nada na mesma pessoa em formação.

Pobreza não é simplesmente fome, miséria. Pobreza é insuficiência, como a de ser alfabetizado e não ter acesso a livros. Encontrei, no Alto Paraíba, há alguns anos, onde fazia pesquisa, pessoas que se desalfabetizaram. Alfabetizadas na escola pública e gratuita para viver em uma sociedade que não lhes oferecia o equipamento cultural, que estava limitado à enxada, que desse sentido àquela alfabetização, à sua função emancipadora, o livro, o jornal, a palavra escrita.

3

As insuficiências sociais e culturais que caracterizam o capitalismo brasileiro estão relacionadas com a força do reprodutivo, o que é próprio do capitalismo, mas que aqui opera de maneira anômala. Nossas preocupações sociológicas de pouco mais de meio século atrás, como mencionei, estavam voltadas para os bloqueios representados pela resistência à mudança. Isto é, para as dificuldades na realização da reprodução ampliada do capital. Na época, um capitalismo cada vez mais carente de inovações tecnológicas e de modernas máquinas e equipamentos. De uma família de trabalhadores, vivi esse momento da história econômica brasileira, ainda menino vindo da roça como trabalhador de indústrias do subúrbio. Vi com os próprios olhos o salto tecnológico da indústria brasileira nos anos 1950. A fábrica mais moderna em que trabalhava tinha um sério problema de organização do trabalho, o do grande descompasso entre velhos mestres artesãos, semialfabetizados, com grande domínio sobre o processo de trabalho, e os engenheiros formados pela Escola Politécnica da Universidade de São Paulo. Eles não falavam a mesma língua, não se compreendiam, o que introduzia descompassos na rotina da empresa. Muitos operários eram analfabetos, vindos da roça, como meu padrasto.

Até que um dia o desencontro entre o concebido, o vivido e o percebido, na concepção de Henri Lefebvre, se manifestou de maneira completamente estranha à da racionalidade industrial.[10] Uma das operárias de uma das seções de escolha e classificação dos ladrilhos que saíam de moderníssimo e recente forno túnel viu Satanás observando-as na cabeceira da bancada. A moça desmaiou. Foi levada para o ambulatório médico, nada foi constatado. O médico mandou que fosse para casa e repousasse durante três dias. Naquela mesma tarde e nos dias seguintes, outras moças tiveram o mesmo problema. Foi feita uma verificação e constatou-se que Satanás era um moço bonito, vestia-se de maneira a seu modo elegante, como os engenheiros da fábrica. Explicaram as moças que ele aparecera

---

10 Sobre a noção triádica lefebvriana de espaço, veja Lefebvre, *La Production de l'Espace*, op. cit., p.48-51.

Sociologia do desconhecimento

por lá porque a empresa estava com tanta pressa de iniciar a produção das novas seções recém-instaladas e lucrar, que não mandara benzer a fábrica antes de fazê-la funcionar. Foi necessário chamar um padre e mandar benzê-la. O que a engenharia não previra, a água benta curaria.

Coincidentemente, no mesmo dia um dos engenheiros terminou os cálculos de correlação de temperatura das diferentes bocas do forno e concluiu que as temperaturas, que deviam ser iguais, eram desiguais devido a um entupimento parcial dos maçaricos de abastecimento de óleo diesel em cada uma delas.

Ou seja, mesmo as soluções caminhavam separadamente: a dos engenheiros era científica; a das operárias era religiosa. O concebido cientificamente na construção dos equipamentos, o vivido socialmente pelas trabalhadoras que com eles lidavam e aquilo por elas percebido estavam desencontrados. Escrevi um livro sobre essa experiência pessoal: *O aparecimento do demônio na fábrica*.[11]

O que ali ocorreu e ocorre no conjunto da sociedade capitalista entre nós é que a reprodução social simples, da sociedade, estava e está desencontrada com a reprodução ampliada do capital, desencontrada com o desenvolvimento tecnológico e científico. A produção regulada pela ciência e a inovação e o trabalho reduzido ao repetitivo do incompreensível. Portanto, não eram os trabalhadores que resistiam à mudança técnica, mas era a mudança técnica que repelia o ajustamento do trabalho a ela. E assim tem sido cada vez mais com o crescimento da chamada superpopulação relativa, a dos descartados pelo processo produtivo modernizado.

---

11 Martins, *A aparição do demônio na fábrica*, op. cit.

É bem recente entre nós a adoção de um grau de modernização agrícola na agricultura canavieira que acarretou a substituição da mão de obra no corte da cana por equipamentos ultramodernos, como as máquinas que não precisam de maquinistas. Coisa de Primeiro Mundo. Minha geração é a dos sociólogos que estudaram os dramas sociais dos chamados boias-frias em São Paulo e no Paraná, e dos chamados clandestinos em Pernambuco e na Paraíba. Gente que fora residente nas fazendas de café, já expulsa do regime de colonato, e gente que fora moradora das fazendas de cana. Moravam agora em cortiços na periferia das cidades pobres. Cortadores de cana que ganhavam salários miseráveis para voltar à terra natal e com os poucos ganhos tocar a lavoura de sitiante na própria terra, os que terra tinham. Coisa de terceiro mundo.

Uma pesquisa realizada por um dos jornais de São Paulo nos lugares que haviam sido de recrutamento dos boias-frias no Nordeste mostrou que estão envelhecidos, com severas mutilações no corpo, decorrentes do trabalho pesado que fizeram e sem condições econômicas de se sustentarem e de sustentar a família. No entanto, vivemos a falácia de que a modernização tecnológica criará novos empregos. Não tem criado, a não ser com o descarte definitivo dos que a tecnologia desemprega. Ninguém analisa e discute a inviabilidade da adaptação da mão de obra obsoleta ao que é próprio do novo mundo tecnológico da quarta revolução industrial.

Esses são casos extremos, em que o grau de exploração da força de trabalho sequer assegura a reprodução social própria do capitalismo. Nosso subcapitalismo nos põe aquém do capitalismo propriamente dito. De certo modo, como já observou Henri Lefebvre, a sociedade estamental está renascendo.

A sociedade das desigualdades sociais não só econômicas, mas também culturais e políticas. A sociedade paralela de um pré--capitalismo gerado pelo próprio capitalismo.

Ocultamente, pesa sobre essa sociedade o fantasma de um problema teórico não resolvido por Karl Marx já em relação ao capitalismo clássico: como se realizará a mais-valia cada vez maior extraída pelo capital em uma sociedade de banidos do trabalho e do salário? Quem compra o que é produzido sem a contrapartida da troca igual? Se não há quem compre o que foi acumulado porque não foi pago? Como se realiza o valor excedente do que foi pago em salários?

Rosa Luxemburgo vislumbrou uma saída explicativa para a realização da mais-valia, para libertá-la da mercadoria que a aprisiona e lhe possibilite a vida de capital acumulável.[12] A da troca desigual entre sociedades capitalistas e sociedades pré-capitalistas. Mas o pré-capitalismo se tornou o não capitalismo residual da sociedade industrial e, já hoje, um componente do pós-capitalismo da modernidade híbrida, em que um crescente número de pessoas está desempregada e já não tem o que vender para comprar porque sua mercadoria, a força de trabalho, já não tem quem a compre. A mesma coisa são coisas diferentes pela mediação das determinações sociais e históricas da circunstância.

É claro que meu limitado objetivo nesta exposição é o de propor uma compreensão das circunstâncias de formação da consciência social, como consciência do repetitivo necessário ao reprodutivo. O repetitivo, enquanto reiteração do mesmo, sem ganhos e transformações que façam do trabalhador tam-

---

12 Luxemburgo, *A acumulação do capital*.

bém beneficiário social da mais-valia. De vários modos, a acumulação capitalista, resultante da apropriação privada dos resultados sociais da produção, lentamente, vai sendo relativizada. Ou por iniciativa das próprias empresas e das famílias de empresários ou pela mediação dos governos, parte do excedente tende a ser reclamado como adicional social dos salários insuficientes. Um cenário em que a disputa social e política se transfere da produção para a distribuição da riqueza.

Os dilemas sociais dos anos 1960 propunham-se como dilemas políticos. Descobríamos as potencialidades das contradições do capital. Tínhamos uma classe operária. Era inevitável falar em socialismo como forma de solução das contradições de que nosso capitalismo era constituído. Mas não cogitávamos das singularidades históricas e antropológicas dessas contradições.

Para a intelectualidade de classe média que se propunha a mostrar rumos aos trabalhadores do campo e da cidade, tudo se resumia à genérica contradição entre a produção social e a apropriação privada dos resultados da produção – o que era e é teoricamente verdade. Mas a própria obra de Marx é profundamente marcada por ressalvas sobre a singularidade de cada sociedade. Está lá nos *Grundrisse*, está na densa e significativa correspondência, nas cartas não enviadas a Vera Zasulich.[13] A questão, também nessa periferia do mundo desenvolvido, é mais complicada. É, também, a de compreender e explicar a forma que a contradição assume e o modo como ela é percebi-

---

13 Marx; Engels, *Escritos sobre Rusia – II. El porvenir de la comuna rusa*, pp.29-30, 51-61.

Sociologia do desconhecimento

da por seus diferentes protagonistas, em especial por aqueles que são objetivamente suas vítimas.

Aqui, há limitações para aplicar ao nosso caso as formulações teóricas que explicam o capitalismo desenvolvido. Essas limitações explicam, em parte, porque somos uma sociedade em que as classes sociais indefinidas nunca se propõem como o que supostamente deveriam ser nem geram comportamentos uniformes como os que supomos que deveriam ter. É o que pede uma sociologia da singularidade social de uma sociedade como a nossa.

Não só aqui as formulações teóricas clássicas sustentam permanentemente sua validade, mas é próprio do método de que decorrem que sejam situadas na inteireza da totalidade dialética que explica o essencial e o singular.

Há alguns anos, a filósofa húngara Agnes Heller, falecida em 2019, esteve em São Paulo para um ciclo de conferências na PUC. Um de seus trabalhos mais importantes é o livro *A teoria das necessidades em Marx*. Nele, ela amplia e atualiza sociologicamente a teoria das necessidades como fator da história e das mudanças históricas, que Marx e Engels propuseram em *A ideologia alemã*.[14] O ponto decisivo da teoria de Heller é o relativo às necessidades radicais.[15]

Em termos genéricos, as necessidades sociais, que decorrem da relação cambiante entre homem e natureza, propõem e mesmo impõem mudanças na sociedade, ao tornar obsoletas as formas de resolvê-las. Mas as necessidades correntes são resolvidas pela repetição da práxis. Não acarretam necessaria-

---

14 Id., *L'Ideologie Allemande*, op. cit.
15 Heller, *La Théorie des Besoins chez Marx*, op. cit., p.107-35.

mente transformações sociais historicamente profundas. São as necessidades radicais as que induzem a práxis transformadora da sociedade. Aquelas que chegam à consciência social como necessidades que só podem ser atendidas com inovações históricas, em que as relações sociais são revolucionadas e a sociedade transformada.

Ou seja, a revolução social não depende da volição política de pessoas ou grupos mesmo partidários, mas de circunstâncias e condições revolucionantes. Henri Lefebvre já havia levantado essa tese em seu livro *La Proclamation de la Commune*, para explicar que a Comuna de Paris só ganharia sentido em transformações sociais que iriam muito além do motim urbano.[16] Contida pela repressão armada e violenta, ficou aquém do possível.

Nas conferências de São Paulo, Heller surpreendeu a todos que conheciam sua obra ao afirmar que na sociedade atual já não havia necessidades radicais. Portanto, a teoria já não se aplicava.

Hostilizada, como também seu mestre Georg Lukács, pelo Partido Comunista húngaro, ao qual ambos pertenciam, migrara para a Austrália e de lá para os Estados Unidos. É provável que sua mudança de ponto de vista tivesse a ver com sua experiência social em sociedades completamente diferentes de sua sociedade original de referência. Mas aí cabem revisões interpretativas. A sociedade de consumo, que era, provavelmente, sua nova sociedade de referência, tudo reduz ao consumível.

---

16 Lefebvre, *La Proclamation de la Commune*, op. cit.; id., *Le Retour de la Dialectique*, op. cit., p.112.

Sociologia do desconhecimento

Não há nela consciência de novas necessidades que não possam ser saciadas.

Porém, é preciso levar em conta que as necessidades radicais não são apenas as necessidades materiais, daquilo que se pode comprar e vender. Uma aguda necessidade da sociedade contemporânea é a necessidade do belo, de vencer e superar o banal e vulgar. Necessidade de poesia e de harmonia para desordenar e libertar o ordenado. Uma necessidade não resolvida é a do amor, o amor permanentemente bloqueado pelas relações sociais coisificadas da sociedade atual. Outra é a necessidade de liberdade em uma sociedade em que a liberdade foi reduzida à liberdade jurídica, o que não inclui necessariamente a liberdade de criação e nela a liberdade de transgressão criativa das ordenações sociais. Há um conjunto extenso de carências que podem aflorar à superfície da consciência social como necessidades radicais devido ao estreitamento das alternativas de sua manifestação e ao caráter cada vez mais disfarçadamente repressivo do mundo atual. Nossa sociedade continua sendo uma sociedade de enquadramentos e egoísmos.

São liberdades que dependem de uma revolução, como a própria Heller sugeriu em outro livro, *Para mudar a vida*.[17] O que Lefebvre sugeriu antes dela, na revolução na vida cotidiana, revolução do possível que só o método transdutivo permite investigar, compreender e revelar.[18] Fundamento da práxis que ao mesmo tempo é repetitiva, mimética e transformadora em uma sociedade crescentemente dominada pelo repetitivo

---

17 Heller, *Para cambiar la vida,* op. cit., p.141 ss.
18 Lefebvre, *La revolución urbana,* op. cit., p.11.

e pelo mimético, pela mudança fingida, teatral, imitativa.[19] Estamos vivendo um momento desses no Brasil, nesse nosso ser não sendo.

No plano do conhecimento, a descoberta do lugar e do tempo da revolução social na situação atual depende da crítica da vida cotidiana. Como observa um antigo aluno de Henri Lefebvre, Paulo Jedlowski, crítica "que é aquela de uma total pressuposição do 'significado' da vida na vida cotidiana".[20]

É que já não se trata de sociedades que se movem, que se transformam, aos grandes saltos, das grandes mudanças sociais, estruturais, que fazem da sociedade conhecida uma sociedade nova e outra. Lefebvre diz: "Para que uma sociedade se transforme é necessário o encontro destes dois tipos de movimento, o movimento lento e gradual, que se inscreve e age na vida cotidiana, e aquele dos grandes acontecimentos, que se dão no alto, no nível do Estado e da própria política".[21]

No que se refere ao método científico, trata-se de uma realidade social e política que propõe ao pesquisador a importância sociológica das pequenas evidências para compreender a força do reiterativo e suas contradições, o reiterativo que capturou o senso comum e nele se expressa. Isso não parece anular as necessidades radicais, ao contrário do que Heller supõe. Apenas submerge essas necessidades sob o poder das aparências e a indefinição dos mimetismos. É o que torna a sociologia mais

---

19 Id., *Sociologia de Marx*, op. cit.

20 Jedlowski, Il tempo quotidiano, A proposito del concetto di vita quotidiana. In: Giasanti; Jedlowski (orgs.), *Il quotidiano e il possibile*, p.38.

21 Lefebvre, La critica della vita quaotidiana oggi. In: Giasanti; Jedlowski (orgs.), op. cit., p.8-9.

Sociologia do desconhecimento

importante do que já foi, em uma realidade social que já não se explica cientificamente por fórmulas interpretativas que o repetitivo venceu.

Nela, a expressão das insuficiências, a consciência difusa dos carecimentos radicais, que não podem ser saciados pelo atual, pelo repetitivo e mimético, mesclam-se com os diferentes níveis da práxis, não setorizados. Quando fingir, mentir e teatralizar já não atendem esses carecimentos, não superam as contradições de que resultam. Esse é o terreno do possível e dos desafios à explicação sociológica e à transformação social. Os desafios à profissão e à sociedade.

Não obstante nosso atraso, a que me referi, enquanto atraso do social em relação ao econômico e, ao mesmo tempo, a difusão entre nós de uma cultura da imitação, que é uma cultura da realização insuficiente das promessas do capitalismo, as necessidades radicais podem emergir à consciência social em relação ao que menos se espera. Isso nos põe diante da nova qualidade negativa de uma institucionalizada resistência às mudanças.

Ela se dá no imobilismo consentido que se expressa na concepção pendular da política, na radicalização da polarização ideológica, em que um, a oposição, é exatamente igual ao outro, o oposto. Na negação recíproca, repetem o entendimento restritivo e não criativo que têm da sociedade. Retóricas diferentes e ignorâncias diferentes, podem ser compreendidas por aquilo de que carecem e não por aquilo que propõem. Nossos partidos tornaram-se partidos do poder e não partidos da sociedade, partidos da exclusão política contra o possível e não partidos da construção democrática de uma sociedade de alternâncias em nome do possível. Nossa democracia inacabada tem a necessidade radical do acabamento.

O Brasil ideológico e desatento: distorções[1]

IHU On-Line — A primeira parte do título de sua aula magna no curso de Ciências Sociais da Unisinos é "O Brasil ideológico e desatento".[2] Em que sentido o senhor está empregando essas palavras e desde quando o Brasil está "ideológico e desatento"?

José de Souza Martins — Faço uma crítica a uma certa distração dos sociólogos brasileiros, que nos últimos vinte, trinta anos, não prestaram atenção na direção em que as mudanças estavam acontecendo, porque achavam que elas estavam indo na direção contrária à da que se viu depois.

IHU On-Line — Em que sentido especificamente?

---

1 Versão abreviada, revista, atualizada e corrigida de entrevista concedida a Patricia Ribolli Fachin, (Instituto Humanitas Unisinos), São Leopoldo-RS, 3 set. 2019.

2 A entrevistadora refere-se à aula magna proferida em comemoração ao vigésimo aniversário do Programa de Pós-Graduação em Ciências Sociais do Instituto Humanitas da Unisinos (Universidade do Vale do Rio dos Sinos), em 3 de setembro de 2019, em São Leopoldo, RS.

José de Souza Martins – O Brasil não foi na direção suposta pelos governos e muito menos pelos sociólogos, que têm entre suas tarefas a da vigilância crítica dos processos sociais, para surpreendê-los, compreendê-los e explicá-los. De repente, houve uma mudança política radical na sociedade brasileira e ficamos todos surpresos. Surpresos com o quê? Não há que ficar surpreso. Estávamos distraídos pela polarização ideológica errada: PT contra PSDB, Lula contra Moro. Polarizações fantasiosas, sem veracidade e sem conteúdo. Faço a crítica da distração e da falta de prontidão dos sociólogos, de uma certa vulnerabilidade mais àquilo que parece do que àquilo que é. Os sociólogos não devem cair nesse engano.

IHU On-Line – Nem os jornalistas.
José de Souza Martins – Sim, mas o jornalista sempre tem a desculpa de que as notícias mudam de um dia para o outro, da manhã para a tarde. Já os sociólogos não podem dizer isso de jeito nenhum. Eles lidam com o que permanece naquilo que muda, mesmo que mude, como acontece cada vez mais, em curtíssimo espaço de tempo.

IHU On-Line – Por que o senhor avalia que os sociólogos estavam distraídos nos últimos anos? Identifica alguma razão?
José de Souza Martins – Houve uma certa ideologização da produção do conhecimento sociológico, aquela coisa do politicamente correto, a coisa do engajamento, da ilusória certeza na linearidade evolutiva do processo histórico. Sobretudo na escolha dos temas de pesquisa e de análise. Deixamos de lado os assuntos miúdos de uma vida social que se tornou repetitiva, expressões e instrumentos de uma nova ordem social.

Sociologia do desconhecimento

Dominada pela reprodução das relações sociais, do mesmo e da mesmice, cada vez mais vazia de história, de inovação e da produção social do novo e da transformação.

A ideologia pode invadir a ciência não só no viés interpretativo, mas também no viés temático, mesmo no trabalho do cientista rigoroso. Muitos têm dado preferência a temas que ressaltam as injustiças sociais, o que é necessário. Ao limitar o campo de interesse da ciência, porém, no desinteresse pelos temas que não dizem respeito diretamente a elas, mas ao modo de viver e à sociabilidade cotidiana e do possível, introduzem no conhecimento sociológico o viés da omissão e o desconhecimento acidental ou proposital do que a sociedade é.

Assim, não cuidam da consciência social pobre e conformista das vítimas dessas injustiças. No geral, imputam à vítima de sua eleição a virtude inerente da consciência verdadeira, sem levar em conta que essa consciência se expressa por meio de verdades que não são reconhecidas como tais pela sociologia. A sociologia que identifica, analisa, situa as mediações das relações sociais e da respectiva consciência social, que pode ser, e geralmente é, consciência desencontrada, reveladora e desconstrutiva do falso sem o qual as relações sociais não se reproduzem. A sociologia atenta aos resíduos temáticos do politicamente incorreto, da margem de erro, porque o erro, aí, é apenas ideológico.

No plano político, por outro lado, a convicção de não poucos, sem fundamento e sem evidências consistentes, de que a eleição presidencial de 2002 elegera o presidente definitivo e o partido definitivo. Quem foi por esse caminho produziu conhecimento anticientífico e enganador. Quando muito, conhecimento provisório, de curto prazo, sujeito a revisão e reformação em tempo breve. O país teria optado por sua suposta melhor alternativa. Os olhos se fecharam para os significativos resíduos, quantitativos e qualitativos, que desmentiam essas suposições. O que iria acontecer já se propunha no fragmentário da vida cotidiana e aparecia nas concepções do senso comum popular. Na cultura popular brasileira, a presunção do poder é o maior adversário do poderoso. Por esse caminho, Lula e os petistas começaram a eleger Bolsonaro já antes de serem confirmados no poder pelo atendimento das expectativas messiânicas que os cercaram na eleição.

A prioridade de qualquer trabalho sociológico não é nem o engajamento nem o politicamente correto. O sociólogo tem que ser desconfiado e objetivo, estar de prontidão para confirmar o já sabido ou descobrir o novo que ainda não se sabe. Esse é um princípio básico da ciência. O sociólogo não é o patrono da realidade. É apenas seu observador, goste ou não do que vê e descobre para explicar porque a sociedade é daquele jeito e não de outro. Diferente do ideólogo, que busca e se contenta com o que parece confirmar o que ele julga que a realidade deve ser. Houve aqui muita condescendência com o voluntarismo político, e seu poder de contaminação ideológica nas ciências sociais.

IHU On-Line – Sua crítica se estende aos últimos vinte, trinta anos. Então, ela não diz respeito somente aos sociólogos ideólogos do PT? O senhor está falando de um processo que se iniciou antes?

José de Souza Martins – Estou falando também deles, que exacerbaram a concepção polarizante e intencionalmente deturpada na compreensão do processo político e na estratégia política. Ou se estava incondicionalmente do lado deles na produção do conhecimento, ou se estava do lado errado da história. No geral, nunca perceberam que o ideológico é que é o erro, a deturpação enganadora da autoindulgente percepção da práxis. A falsa consciência da realidade social, porque lhe nega o caráter pluralista e contraditório, o relativo da incerteza científica no demasiado da certeza ideológica.

Claro que a sociologia em todas as sociedades que a comportam reflete muito o que aquela sociedade é e o momento pelo qual está passando em determinada situação historicamente relevante. Sobretudo em momentos de crise e descontinuidade, quando se acumulam indícios, sociologicamente significativos, da iminência da ruptura, como aconteceu aqui a partir do mensalão, em 2004, e, mais ainda, dos movimentos de rua de 2013. Quando um partido finge que aderiu aos interesses dos que sempre combateu e depois se descobre, tardiamente, capturado pelo fingimento, como aconteceu com Lula e o PT.

IHU On-Line – É possível perceber, em seu percurso intelectual e em sua produção acadêmica, uma análise metassociológica e uma preocupação com o método de pesquisa em ciências sociais. Inclusive, na introdução de seu livro Exclusão social e a nova desigualdade, *que é dos anos 1990, o senhor critica o fato de os conceitos terem um lugar central em algumas análises sociológicas que tentam explicar o social, porque esses conceitos funcionam como rótulos e não captam o social propriamente dito. Em outras palavras, o senhor diz que "os militantes não derivam os conceitos da práxis, mas procuram fazer da práxis a realização dos conceitos". Em outro artigo publicado neste ano, o senhor voltou a tratar da ideologia na ciência. O que eu gostaria de perguntar é o seguinte: em que momento de seu percurso intelectual o senhor se deu conta de que esse fenômeno ocorre nas ciências sociais e como começou seu processo de fazer uma meta-análise das ciências sociais?*

José de Souza Martins – Eu tive toda a minha formação no grupo do professor Florestan Fernandes, na USP e, nesse grupo, a questão do método precede todas as outras questões. Fui educado nessa linha. O que acho que houve a partir de 1964 foi que muitos sociólogos perderam a perspectiva da precedência do método, as ciências sociais e a sociologia se expandiram pelo Brasil e se passou a fazer sociologia imaginando que, usando conceitos, se faz ciência. A ciência não é feita de conceitos. Conceitos são muletas que usamos para ir demarcando o terreno da análise. Mas a questão central é a do método, do método lógico, do método de explicação conectado com o método de investigação, uma concepção de Karl Marx.[3] O conceito resulta disso, e não é isso que resulta do conceito.

Foi lá por 1975 que dei minha virada. A chave, por sua vez, não é só aplicar o método, mas descobrir o que a realidade investigada, na perspectiva do método, sugere ao sociólogo fazer para pensá-la, decifrá-la e explicá-la. Os três métodos científicos fundamentais, explicativos, usados na sociologia, são métodos produzidos na Inglaterra, na Alemanha e na França. Na sociologia, os métodos científicos expressam a compreensão possível do que determinada sociedade é na essência do momento histórico, sua estrutura social, seus valores, sua mentalidade.

De certo modo, os métodos correspondem às singularidades das sociedades que os inspiraram, enquanto modos de ver e de pensar. Modos que são cultural e historicamente determinados. Nesse sentido, a sociologia não poderia ter nascido naquele momento no Brasil, uma sociedade distante das inquietações intelectuais propícias a esse nascimento. Estávamos, ainda,

---

3 Marx, *El capital*, p.XXIII; id., *Texts on Method*, p.4 ss.

Sociologia do desconhecimento

tentando sair da escravidão e apenas alguns compreendiam que a consciência social do senhor de escravos era determinada pela mediação da condição e da consciência do escravo, como a seu modo e em seu tempo acertadamente disse Joaquim Nabuco: "Por outro lado, a emancipação não significa tão somente o termo da injustiça de que o escravo é mártir, mas também a eliminação simultânea dos dois tipos contrários, e no fundo os mesmos: o escravo e o senhor".[4]

Nem por isso expressam um modo definitivo e único de ser socialmente. Os mesmos métodos levaram à rica sociologia de Henri Lefebvre, à de Alfred Schutz, à de Florestan Fernandes e de outros autores em diferentes países. Os professores da Missão Francesa, na USP, em 1934, vieram atrás de descobertas no campo do singular e original, o diferente em relação ao já conhecido. Aquilo que a sociedade brasileira era e tinha como visão de mundo e que não havia ou já não havia na França, na Alemanha ou na Inglaterra.

IHU On-Line – A análise metassociológica é um processo que o sociólogo ou os pesquisadores de outras áreas conseguem perceber somente a partir da maturidade do desenvolvimento de suas pesquisas?

José de Souza Martins – Depende da formação que eles tiveram e da circunstância em que trabalham, se for desafiadora

---

4 Nabuco, *O abolicionismo*, p.39. Nessa formulação, Nabuco evidencia uma pioneira compreensão dialética das limitações e distorções do abolicionismo que vingaria no 13 de maio de 1888. Em 1843, antes de sua obra madura, Marx já tratara do método de compreensão da crucial questão da emancipação social: "Antes de poder emancipar a outros, temos que começar por emancipar-nos a nós mesmos". Marx, *La cuestión judía*. In: Marx; Ruge, *Los Anales Franco-Alemanes*, p.225.

e problemática. Comecei a me dar conta de uma coisa diferente da linha em que vinha, até então, porque meus professores foram cassados e alguns de seus auxiliares, como eu, enfrentaram a inevitável missão de criar novas disciplinas e orientar teses em nosso curso de Ciências Sociais, na USP. A missão do passo adiante em uma situação acadêmica do passo atrás.

O que incluía o que é próprio do trabalho científico maduro que é assumir funções de criação interpretativa em um grupo que ou fazia isso ou morria. No grupo, que se desagregou aos poucos, cada qual seguiu seu próprio caminho, muito em função das possibilidades abertas pelas respectivas pesquisas e abertas também pelo que, no conhecimento já acumulado, pedia desdobramentos temáticos e interpretativos. Em vários campos de conhecimento, as cassações obrigaram os pesquisadores da geração órfã a dar continuidade à missão científica através da inovação e da criação, no marco das novas circunstâncias e dos desafios que ela propunha. É verdade que nem todos entenderam o momento.

Muito das adversidades dos diferentes grupos em nossas instituições de pesquisa decorrem do erro de olhar para o próprio umbigo em vez de olhar para o outro. O outro que nos interroga para que lhe expliquemos o que é e, sobretudo, o que não é nem consegue ser, o que o cerceia e o torna pobre de possibilidades em uma sociedade que é, cada vez mais, a do conformismo disfarçado das mudanças sociais miméticas.

A ideia, a partir da perspectiva metodológica, passa a ser, então, tentar descobrir o que é o Brasil de fato. Era isso que o grupo já vinha fazendo, mas esse fazer fora interrompido. O que o Brasil singular e contraditório diz aos cientistas e à ciência? Todas as sociedades têm sua singularidade. Mas, aqui,

Sociologia do desconhecimento

o que vemos é que vamos sendo reduzidos à condição de copistas do que os americanos fazem, do que os europeus fazem. O que, em princípio, pouco ou nada tem a ver com o Brasil. Porque nosso tempo é outro e nossas possibilidades não são necessariamente iguais. Uma realidade social como a brasileira pede a recriação das interpretações desenvolvidas com base em outras sociedades. Nós temos que continuar no processo de descoberta de quem e do que somos.

Foi o que aconteceu com Lévi-Strauss que, em sua pesquisa no Brasil, estava no Mato Grosso conversando com um xamã indígena e o xamã contou a ele um mito de sua tribo. Nesse momento, Lévi-Strauss teve, em um estalo, a intuição criadora do que veio a ser seu estruturalismo; é o momento em que nasce o estruturalismo lévi-straussiano. Por que isso aconteceu? Porque ele tinha formação teórica. Podia desenvolver um método correspondente à realidade que estava observando. Tinha o preparo teórico e estava no lugar apropriado para compreender o desafio científico da originalidade na diferença.

Então, a linha que tínhamos na USP – e isso se perdeu ali também – era a linha da prontidão para ver sociologicamente a realidade em situações que não pareciam relevantes.

Nesse momento, estou me dedicando ao estudo das estruturas sociais profundas, que são as de uma sociedade do avesso. O Brasil foi gerado como sociedade do avesso e de um avesso que persiste. Não foi gerado como uma cópia da Europa dos descobrimentos. Mas como aquilo que a Europa não era, para viabilizar o que a Europa poderia ser como contrapartida da sociedade colonial que nascia.

Tudo aqui é pensado no avesso: agimos no avesso, pensamos no avesso. De vários modos, somos o avesso e não é raro que

143

assim nos mostremos, em momentos dramáticos ou trágicos em que nosso senso comum nos desconstrói e nos revela.[5] No avesso buscamos a saída imaginária, o escape do Brasil da imaginação histórica e criativa, que entre nós nasce e se propõe nas brechas da adversidade. Temos que enfrentar essa singularidade. Temos que identificar as singularidades da sociedade brasileira para explicá-la sociologicamente e transformá-la socialmente, se quisermos sair da beira do abismo histórico que nos tolhe.

IHU On-Line – Como a ideologia presente na ciência se manifesta nas ciências sociais? Pode nos dar exemplos de abordagens sociológicas ideológicas no Brasil, ou de quais ideologias têm determinado as pesquisas sociológicas?

José de Souza Martins – Nas ciências, não só na sociologia, a ideologia está presente nos pressupostos extracientíficos da pesquisa e da interpretação. Pressupostos religiosos têm condicionado, limitado e orientado análises científicas, bloqueando-lhes a criatividade investigativa e interpretativa. Concepções políticas reacionárias censuram e dificultam a difusão da ciência e a pesquisa.

Na sociologia brasileira, no último meio século, não foi incomum o pressuposto preconceituoso de uma evolução linear da sociedade em direção à superação do capitalismo. Mesmo

---

5 Euclides da Cunha viu em Antônio Conselheiro o avesso próprio do povo brasileiro: "Antônio Conselheiro, espécie bizarra de grande homem pelo avesso, tem o grande valor de sintetizar admiravelmente todos os elementos negativos, todos os agentes de redução de nosso povo". Cunha, *Canudos:* Diário de uma expedição, op. cit., p.23-4.

Sociologia do desconhecimento

quando, no mundo inteiro, o comunismo entrou em crise e regrediu para alguma modalidade de capitalismo.

O próprio capitalismo já não é o capitalismo clássico, da crítica da economia política. No Brasil é um capitalismo inacabado, eivado de sobrevivências pré-capitalistas e atalhos não capitalistas. Não reconhecer isso, sociologicamente, tem sido uma deformação ideológica maximalista que compromete nossa sociologia e o conhecimento sociológico como autoconsciência científica da sociedade, a que se referia Florestan Fernandes, na linha do sociólogo alemão Hans Freyer.[6]

As ideologias que têm procurado aparelhar a sociologia são ideologias de esquerda, de um marxismo mal digerido, desvinculado do método dialético, puramente conceitual. Vi um trabalho nos anos 1970, sobre uma tribo do Xingu, em que foi usada a concepção de modo de produção para descrevê-la – que é uma concepção marxista não generalizável –, o que não tem cabimento. "Modo de produção" não é um conceito. Em *O capital* e no chamado "Capítulo inédito", de Marx, há mais de uma concepção de modo de produção para definir diferentes aspectos do processo do capital. Nenhuma delas se aplica a povos tribais. O próprio Karl Marx escreveu trabalhos etnográficos que não recomendam essa linha de interpretação, cujos textos e notas de leitura foram transcritos, anotados e introduzidos por Lawrence Krader.[7]

---

6 Freyer, *La sociología ciencia de la realidad*, op. cit., p.110 e 342; cf., também, Fernandes, *A sociologia em uma era de revolução social*, op. cit., p.95 e 309.

7 Krader, *Los apuntes etnológicos de Karl Marx*.

É claro que orientações ideológicas de direita também assediam e ameaçam a sociologia e o trabalho do pesquisador nesse campo do conhecimento. Mas eu levaria em conta que na Alemanha nazista, e na Itália, na Espanha e no Portugal fascistas a objeção à sociologia se manifestou no veto, a sociologia esteve ausente da pesquisa e do ensino universitário. A sociologia se difundiu no Brasil muito antes de se tornar disciplina acadêmica nos três últimos desses países.

É na perspectiva crítica que entendo as ameaças atuais, no Brasil, às ciências humanas, sua satanização pelas novas orientações políticas de direita no poder. Convém lembrar que a sociologia, mesmo a sociologia marxiana, não teve campo nos países comunistas, substituída pelo marxismo oficial e conformado, apenas para interpretar e não para pesquisar.

Há um pseudoesquerdismo difuso, amadorístico, que ameaçou e cerceou nosso pensamento sociológico ao estabelecer um cerco à sociologia com base na ideia de que a revolução é inevitável e só é "boa" a sociologia "politicamente correta" a da confirmação desse pressuposto antissociológico. A sociologia, na perspectiva dialética, é a ciência do possível e do improvável, não só do provável.

Mas o que é a revolução, mais de um século depois da morte de Marx e das grandes transformações que fizeram do capitalismo um capitalismo muito diferente do capitalismo do século XIX, estudado e decifrado sociologicamente por ele?[8]

A sociologia propriamente científica deve ser a sociologia crítica e desconstrutiva, que expõe as contradições sociais e as brechas do possível como desafios da práxis. Nesse sentido,

---

8 Lefebvre, *La Survie du Capitalisme*, esp. p.127-40.

Sociologia do desconhecimento

uma sociologia do politicamente incorreto, insubmisso e esclarecedor, que é onde estão as revelações da incerteza.

Nesse sentido, também, sociologia do que contraria essas revelações de possibilidades, como a da força social e política do repetitivo e do reprodutivo das relações sociais, em detrimento do transformador e revolucionário. Uma sociologia das contradições, das tensões e dos embates sociais nas minúcias da vida cotidiana.

As condições e possibilidades das transformações sociais e políticas são outras em nossos dias, limitadas, em comparação com as do fim do século XIX e início do século XX. O tempo e a força da revolução se deslocaram para o modo de vida e para as brechas históricas da vida cotidiana. Henri Lefebvre e Agnes Heller deram o grande salto interpretativo nessa linha de compreensão da sociedade contemporânea, a sociedade da revolução na vida cotidiana.[9]

Isso não quer dizer que seja ideológica a linha da ciência de todos os sociólogos. Mas isso pode, às vezes, se fazer presente na sala de aula através de uma pressão ideológica que vem dos partidos através de alunos. É preciso saber dialogar com as diversas correntes do pensamento científico. O que exige do cientista e do estudioso a competência para pôr entre parênteses as próprias convicções político-ideológicas, religiosas ou de qualquer outra orientação restritiva ao propriamente científico. Se o pesquisador considera que ciência é só aquilo que ele acha, não é ciência.

---

9 Lefebvre, *La revolución urbana*, op. cit.; Heller, *La revolución de la vida cotidiana*; id., *La teoría, la prassi e i bisogni*, esp. p.29-48.

147

IHU On-Line — Hoje, pesquisadores são impedidos de ministrar palestras em universidades por movimentos estudantis de caráter sociopolítico. O senhor já foi vítima disso pelo menos três vezes em universidades brasileiras, e essa prática tem sido comum nos Estados Unidos. Do mesmo modo, alguns professores são questionados pelo uso de alguns textos teóricos, porque tais textos "afetariam a sensibilidade" de estudantes. A que o senhor atribui esse fenômeno e quais as implicações disso para o fazer científico, especialmente na área de ciências sociais, e para o debate acadêmico e público?

José de Souza Martins — De certo modo, há um fascismo enrustido no comportamento estudantil, gente da classe média cujo maior problema está nas crescentes dificuldades à sua ascensão social. Gente que, mais do que reivindicar, faz exigências de classe média, porém usurpando os valores e a visão de mundo da classe operária teórica e doutrinária. Uma classe operária que, no entanto, passou por significativa diferenciação social.[10] Diferenciação cujo efeito centrífugo dispersa, diferencia e fragiliza seus conflitos, o que torna o operariado muito distante das suposições do imaginário estudantil e juvenil. Jovens e estudantes que se pensam na luta de classes, mas reivindicam em nome de concepções corporativas e estamentais, como raça, gênero, religião. Já sabíamos desses dilemas e equívocos desde os anos 1960, através dos estudos de sociologia das gerações, de Marialice Mencarini Foracchi[11] e de Octavio Ianni.[12]

---

10 Lefebvre, *La Survie du Capitalisme*, op. cit., p.128.
11 Foracchi, *O estudante e a transformação da sociedade brasileira*, p.118; id., *A juventude na sociedade moderna*.
12 Ianni, O jovem radical, op. cit.

Sociologia do desconhecimento

Hoje, isso está acontecendo porque as pressões reacionárias sobre a ciência e os cientistas é feita para ideologizá-los, capturá-los como instrumentos de afirmação de uma direita que não se reconhece como tal, porque não estuda, não lê, mal ouve, mal vê, para parafrasear o injustiçado Monteiro Lobato.

Historicamente a ciência não é ideologia nem se vincula a partido político. Isso não quer dizer que os membros de partidos políticos não devam se interessar por ciência, ao contrário. Se se interessassem, errariam menos e serviriam melhor à nação, que é sua missão. Nem quer dizer que o cientista não deva se interessar por política. Quer dizer apenas que ciência e política percorrem caminhos diferentes.

Acontece que os grupos partidários, no caso brasileiro concretamente e da esquerda, estão muito fragilizados e, rigorosamente, a esquerda passa por uma crise de público no Brasil. Há fatores para isso: a desindustrialização esvaziou a classe operária; o operário está sendo substituído por máquinas. Na região do ABC já existem empresas que não têm nenhum operário. A profissão de Lula, torneiro-mecânico, se ele quisesse voltar para uma fábrica, não existe mais. Hoje o computador faz o que ele fazia. Milhares de trabalhadores estão na mesma situação.

A classe operária, referência social e política da esquerda, está em uma situação difícil: a começar pelo fato de que há no país 13 milhões de desempregados e muitos milhões mais de subempregados e precarizados. Não se pode ser classe social nessa situação, porque classe só existe quando a categoria social tem uma sua vontade peculiar, que a move para reivindicar, pressionar e tentar dirigir o processo político em função de identidade e vontade de classe. No desemprego e no subemprego, a classe operária, como classe, se decompõe, perde identidade e força política. Desempregado não é sujeito de processo histórico. Sua situação social não é constitutiva do sistema de relacionamentos em que possa ter um protagonismo social e historicamente criativo.

O reduto que sobrou para a esquerda é a universidade, porque lugar incontornável da diversidade das ideias, das diferenças, da interpretação científica, dos refinamentos da consciência social. Porém, sem qualquer conexão vital com uma categoria social que dê sentido a suas manifestações. Os intelectuais são a expressão da diversidade social e são os pensadores da diversidade, o oposto do que são na perspectiva ideológica. Quanto aos estudantes, a universidade é o espaço privilegiado da classe média e suas angústias e incertezas, sem identidade própria, que precisa usurpar identidade alheia, a operária, para ter uma.

Isso não quer dizer que os cursos e os professores assumam necessariamente posições de esquerda (ou de direita ou de indiferença política) ou estejam vinculados a partidos de esquerda. Muitos são independentes, uma categoria que, no Brasil, quer dizer muito como opção democrática e progressista.

A busca, em si, da verdade científica já é política, independente de opções ou vinculações partidárias. O conhecimento que desvenda, que liberta o real de suas ocultações, de seus enganos e de suas mistificações, é político. O conhecimento é revelador, ilumina os recantos escuros da ignorância, devolve o homem e a sociedade à verdade e lhes mostra caminhos de superação das dominações e suas consequências sociais degradantes.

Além disso, no Brasil de hoje, a esquerda abrange uma diversidade de concepções sociais críticas em relação ao capitalismo,

Sociologia do desconhecimento

que têm sido divergentes e inconvergentes. Sendo cientistas e pesquisadores, os sociólogos sabem separar ciência e ideologia, e de fato as separam. Quer dizer, apenas, que é público mais capaz de compreender criticamente o que a esquerda é, sem preconceitos. E, também, de compreender criticamente a direita e os riscos que representa para a democracia e para a liberdade de pensamento e de criação. Mas capaz, também, de explicá-las e de situá-las na diversidade social, política e ideológica própria da sociedade moderna.

IHU On-Line – As críticas que o senhor fazia nos anos 1990 também são reiteradas hoje. Alguns teóricos afirmam que as universidades brasileiras e os intelectuais importam teorias estrangeiras, como o marxismo, o estruturalismo, a teoria de gênero, o feminismo, o pós-colonialismo, para interpretar os fenômenos sociais do Brasil. Por que essa prática se acentuou na universidade?

José de Souza Martins – Não tem sentido recusar a leitura de autores estrangeiros e não tem sentido a falta de familiaridade com os clássicos e autores teoricamente criativos. Mas a criatividade teórica e interpretativa da sociologia entre nós tem dependido e depende de enraizamento do pensamento sociológico na sociedade brasileira.[13] Não só naquilo que é parecido com o que é próprio das sociedades de origem das teorias sociológicas, mas também e sobretudo naquilo que é próprio de

---

13 Sobre uma revisão crítica de minha concepção de enraizamento da sociologia como alternativa possível à sociologia da cópia e da imitação, veja Frehse (org.), *A sociologia enraizada de José de Souza Martins*; cf., também, Motta (org.), Nos interstícios do (in)visível, *Política e Trabalho – Revista de Ciências Sociais*.

nossa sociedade e que nos faz diferentes e mesmo divergentes delas. O modo como a sociologia clássica formulou sua maneira de analisar e interpretar suas sociedades de referência é um indicador teórico e metodológico essencial para encontrarmos o caminho de nossa originalidade interpretativa. E para desenvolvermos nossa sociologia como nossa consciência científica da realidade.

A metodologia, sim, se aplica a qualquer sociedade que tem as características das que foram sua referência. Nós não temos uma teoria nossa, uma metodologia brasileira. Temos, porém, história e vivência que nos desafiam a redefinir aqui o que foi proposto de outro modo em outras lugares.

IHU On-Line – Como diferençar o que é ideologia do que é ciência em ciências sociais? Qual é o critério de demarcação entre ideias científicas e não científicas na sociologia?

José de Souza Martins – A ideologia é orientada por valores, quase sempre valores de grupo ou percepções individuais de valores de grupo. Expressam interesses. Na sociologia afetada por ideologia, a motivação é a de confirmar as convicções extracientíficas de quem pesquisa, mesmo quando se engana ao supor que sua verdade é a verdade inteira. Se você for católico e não conseguir neutralizar seu catolicismo ao fazer sociologia, fará uma sociologia limitada ao que quer ou pode ver, viesada ideologicamente. Se você for protestante, o viés será outro. Se você não for nada, pior ainda, porque não vai conseguir lidar com uma sociedade como esta que é de pessoas religiosas. Na pesquisa sociológica tenho que ser objetivo, o que não quer dizer contra. Tenho que desenvolver uma compreensão científica das crenças como objeto de conhecimento, e não como

Sociologia do desconhecimento

instrumento de conhecimento. Isso vale, também, para o senso comum. Todas essas modalidades extracientíficas de compreensão da realidade a deformam, são viesadas do ponto de vista científico, embora tenham pleno sentido no vivencial. A alienação do trabalho, uma forma ideológica de conhecimento, é socialmente necessária à justificação e legitimação subjetiva da exploração do trabalho, sem a qual essa exploração seria insuportável e comprometeria a reprodução social da relação de exploração. A ideologia deforma e acoberta o real, ao mesmo tempo que viabiliza a reprodução deformada das relações sociais desse real.

Se você é – e isso aconteceu muito nos últimos anos – petista, não lê autor que não é petista. Eu passei por essa situação inúmeras vezes na minha vida, de me questionarem, de porem em dúvida a objetividade do conhecimento sociológico que produzo porque não é petista e, não sendo petista, só pode ser dos inimigos do PT. Houve situações cômicas. Depois de uma conversa que tive com Lula, a convite dele, ele recomendou que diferentes grupos de lulistas do Brasil inteiro conversassem comigo, porque o PT estava querendo entrar na questão agrária e não sabia nada sobre o assunto, incluindo os agraristas do partido, mais acadêmicos de gabinete. O primeiro grupo que me chamou por sugestão do Lula foi a Central Única dos Trabalhadores – CUT. Passei um dia inteiro ministrando um curso no Sindicato dos Metalúrgicos de São Bernardo, para cerca de mil pessoas. Em certo momento, o presidente da CUT reagiu porque ele achava que ao descrever os problemas sociais do campo, que são dramáticos e muito mais dramáticos do que os da classe operária, eu estava diminuindo a classe operária, porque ela é o "nó" da história.

Depois, fui dar um curso na Universidade do Ceará e um grupo do PT veio me procurar. Convidou-me para almoçar, no domingo, na casa de um deles. Não estava claro que era um grupo do PT, mas eles insinuaram que Lula tinha sugerido que conversassem comigo. Eu chego lá, tudo muito simpático e à vontade – era uma conversa informal –, aí me dei conta de que era um grupo do PT. Esclareci-lhes, então, que não era membro do partido nem pretendia ser, mas estava à disposição para conversar, se quisessem. Era o que já havia dito a Lula. O almoço esfriou na hora; eles não conseguiram almoçar nem conversar comigo. O que aconteceu? A ideologia se sobrepôs à possibilidade de uma conversa que era sobre sociologia.

A sociologia, como ciência, depende de objetividade. Se você estuda determinado grupo humano ou categoria social, não pode se converter ao grupo, sem o risco de comprometer sua objetividade na pesquisa e na interpretação. O que tem a fazer é assumir uma posição de alteridade e observar objetivamente de fora para dentro, sabendo quais são suas limitações. Poderá viver com o grupo observado, mas será sempre o outro e, provavelmente, nunca o nós.

IHU On-Line – Os intelectuais ou militantes que se apaixonam por partidos não têm, de outro lado, uma preocupação genuína com questões sociais e por isso se vinculam apaixonadamente a partidos ou teorias que acham que representam suas preocupações?

José de Souza Martins – Certamente tem eles preocupações genuínas com as questões sociais. Mas, se assumem os imperativos ideológicos da militância partidária também na pesquisa sociológica, quando nela se envolvem, comprometem a objetividade científica de suas análises. Na pesquisa e na interpretação, não conseguem "ver" nem reconhecer e compreender o

Sociologia do desconhecimento

que não confirma a certeza do já sabido. O que empobrece o próprio sentido que, com a ciência de viés ideológico, querem dar à sua militância. São cientistas com bloqueios e limitações. É praticamente experimental que tantos cientistas sociais vinculados ao PT, com ele comprometidos ou identificados, não tenham conseguido produzir análises que indicassem os rumos que as coisas estavam tomando nem produzir conhecimento sociológico que fosse, como sugere Florestan Fernandes, que foi petista, uma consciência científica da sociedade. Uma situação em que o cientista se completa como militante como crítico social, que põe a ciência em contraponto ao poder de coerção ideológica do partido e de seus dirigentes. Em que se torna mero produtor de conhecimento antagônico e não de conhecimento de superação de contradições e adversidades sociais. O que aconteceu com as várias entidades que foram pelo partido aparelhadas e com os cientistas e instituições acadêmicas que foram caindo na insegurança de suas interpretações do momento e do processo social e político, é um dos novos grandes temas possíveis da sociologia brasileira.

Quem sucumbe a esse assédio deixa um rastro de insuficiências nas análises que faz. Quase sempre é uma sociologia enquadrada, sob cerco. Defendo-me na sociologia que faço para que seja uma sociologia de descoberta: estou de prontidão para me surpreender. Não sei antes de saber. Em todas as ciências, ocorre o *serendipity*, que é o nome de uma ilha descoberta por acaso. Foi assim que o escocês Alexander Fleming descobriu a penicilina, em 1928. O cientista tem que estar de prontidão científica para as revelações do acaso. Ideologia não leva a descobertas de valor científico. A ideologia veda a possibilidade das revelações do acaso ou da pesquisa teoricamente orientada. O pesquisador ideologizado está sempre prevenido contra essas revelações. Ele não quer descobrir. Quer apenas confirmar o que acha que sabe.

IHU On-Line – Quais são as teorias sociais que têm crescido na academia brasileira e quais suas implicações políticas e sociais para o debate público?

José de Souza Martins – As teorias são as mesmas; nada de novo aconteceu nas ciências sociais, na sociologia em particular, desde o último grande teórico que foi Max Weber. A partir disso, tudo o que se fez depois foi desenvolvimento das possibilidades teóricas daquilo que os clássicos já tinham formulado. Temos que nos redescobrir no retorno aos clássicos, sobretudo para rever aquilo que abandonamos.

IHU On-Line – Há clássicos na sociologia brasileira que deveriam ser retomados?

José de Souza Martins – Sim. Os clássicos devem ser relidos sempre. Hoje, eu começaria um curso de introdução à sociologia com Roger Bastide. Estou cada vez mais encantado com os textos dele, que revejo – estou nesse voltar atrás para encontrar os pontos desatados das pesquisas sugeridas mas interrompidas. Ele era um homem incrível, que trabalhou com a ideia do que chamo de estruturas sociais profundas. É um tema que sua sociologia sugere.

Com o mesmo propósito, é importante fazer a releitura de Florestan Fernandes. Seu melhor trabalho de resposta para uma situação como a nossa, que demanda a aplicação da sociologia, não foi reeditado, seu livro *Ensaios de sociologia geral e aplicada*.[14]

---

14 Fernandes, *Ensaios de sociologia geral e aplicada*.

Sociologia do desconhecimento

Nós não desenvolvemos sua proposta teórica de uma sociologia aplicada no Brasil. A sociologia ficou indiferente às possibilidades de sua aplicação em face das decorrências socialmente problemáticas de nosso desenvolvimento econômico.

Eu leria não só as obras da geração brasileira de sociólogos ensinada por Roger Bastide, pela ação formadora de que Florestan Fernandes foi o grande mestre. Não só o grupo da USP, mas o da Escola de Sociologia e Política de São Paulo, de que Florestan fez parte. Mas também os "solitários" de várias regiões que produziram trabalhos decisivos para compreender o Brasil em perspectiva brasileira, no Rio, em Minas, em Pernambuco, no Rio Grande do Sul. Fizeram pesquisas no momento que a sociologia brasileira era muito promissora; nós abandonamos o que eles estavam fazendo.

O legado da sociologia, em todas as partes, aqui também, é muito mais o das perguntas ainda não respondidas, as indagações teoricamente reveladoras, as dúvidas pendentes cujas respostas carecem de teoria e de inovação teórica. É claro que, no meio do caminho, entre os pioneiros e a geração mais jovem, muita coisa se fez, novas questões foram levantadas, pesquisas esclarecedoras foram realizadas. Mas estamos passando por um momento de "brazilianização" de nossas ciências sociais, de estrangeirização das perguntas, de estranhamento em relação ao que somos e ao que podemos. Um momento que pede aos cientistas sociais a insurgência corajosa da redescoberta explicativa do Brasil. Um grande desafio sem dúvida.

IHU On-Line – Há muitos anos o senhor afirma que existe uma crise do pensamento crítico no Brasil. O que significa falar nestes termos, em crise do pensamento crítico, uma vez que praticamente todo mundo se julga "crítico" no debate público?

José de Souza Martins – Falo do pensamento crítico na perspectiva sociológica. Um dos reflexos do cerco ideológico na sociologia brasileira, sobretudo na formação das novas gerações, é que muitos entendem que pensamento crítico é o pensamento antagônico, sobretudo em relação àquilo de que discordamos por motivos ideológicos ou partidários. O pensamento crítico, na sociologia, é o pensamento que conduz à revisão de interpretações científicas vencidas por novas descobertas, que pedem a revisão do já conhecido e, nela, as novas questões a desafiar o conhecimento existente.

O pensamento crítico é o pensamento que vê a si mesmo na perspectiva sociológica, ou seja, você só pode fazer sociologia crítica se situar sociologicamente a sociologia que faz para poder ver as insuficiências que nela há. Fazer o que já recomendavam os clássicos, como Émile Durkheim: estranhar-se estranhando sua própria obra. E ver o que ele não viu. Ou, por meio do mesmo método dialético, ver o que Marx não viu porque o objeto do conhecimento, naquele momento da história da sociedade não lhe permitia ver. Basicamente, o possível ainda não desvendado nem realizado.

O pensamento crítico passa pela desconstrução das interpretações. A grande proposta metodológica nesse sentido é a de Henri Lefebvre, o grande dialético do século XX, que desenvolveu um método bem simples.[15] Método que Sartre

---

15 Lefebvre, *Problèmes de Sociologie Rurale*, op. cit., p.78-100; id., *Perspectives de Sociologie Rurale*, op. cit., p.122-40; id., *Sociologia de Marx*, op. cit.; id., *La Proclamation de la Commune*, op. cit., p.20.

Sociologia do desconhecimento

reconheceu como a melhor formulação do método dialético, que Lefebvre define como método regressivo-progressivo, que situo na perspectiva desconstrutiva-explicativa.[16]

Nessa perspectiva, a sociologia decompõe a narrativa da primeira e inicial observação sociológica. A descrição da realidade pelo sociólogo, de um primeiro momento de impressão do que a realidade é. Em seguida, a partir do atual já descrito, o sociólogo faz sua desconstrução, decompõe em suas temporalidades desencontradas o real e a interpretação do real, define a estrutura e a data histórica da gênese das relações sociais que descreveu. Não apenas as relações, mas também suas mediações, o espaço, as coisas, os tempos de que há indícios no que foi descrito.

A realidade social é compreensível pelas determinações do desenvolvimento desigual de suas estruturas. Ao fim do processo, o pesquisador faz o regresso à superfície da partida, ao atual. Reconstitui as conexões dos momentos e suas recíprocas e desencontradas determinações, a unidade do diverso. A unidade das contradições que desafiam a práxis dos personificadores das relações sociais desses momentos e de suas evidenciadas necessidades sociais. Sejam elas as necessidades radicais, que abrem à sociedade o desafio e a possibilidade da transformação social e da revolução social. Sejam elas as necessidades de revitalização do mesmo, do repetitivo, do mero reprodutivo. Sejam elas as necessidades do novo na mera forma mimética da cópia e do fingimento. Como propõe Lefebvre em sua teoria da práxis.[17]

---

16 Sartre, *Crítica de la razón dialéctica*, op. cit., p.73-130.

17 Lefebvre, *Sociologia de Marx*, op. cit.

Segunda parte

A mentira na vida cotidiana

A sociologia lida habitualmente com as dificuldades do pesquisador para chegar à verdade das relações e das representações sociais que estuda, decorrentes, sobretudo, do fato de que seu objeto é ao mesmo tempo sujeito. Um "objeto" que pensa, que se interpreta. A dificuldade das interferências de circunstância na observação científica, que podem afetar seu resultado, é prudentemente indicada na chamada margem de erro. Nas orientações quantitativas, a margem de erro é calculável. Nas orientações qualitativas, mais próprias das ciências humanas, a margem de erro pode ser definida e enfrentada com o estudo sociológico das condições sociais do autoconhecimento do homem comum e dos grupos sociais. Nesse sentido, o erro é sociologicamente explicável, como no caso das deformações ideológicas do conhecimento por meio do qual o homem comum compreende a sociedade em que vive e as relações sociais de que é sujeito.

Em boa medida, os sociólogos lidam com essa interpretação de primeira mão como matéria-prima de sua ciência. A sociologia é, nesse sentido, interpretação da interpretação primária, do conhecimento por meio do qual os membros da sociedade situam-se no mundo, interpretam-se para nele agir, para assegurar que o mundo continue sendo mundo, ou mudando no que for necessário para ser mundo.

A verdade dessa interpretação é a verdade do momento e da circunstância históricas, que mudam no marco de uma combinação variável de temporalidades, não só a do tempo longo da história propriamente dita, mas também a do tempo curto, do cotidiano e mesmo do instante. É o tempo em que a distância entre a verdade e a inverdade encolhe nas incertezas e indefinições próprias dos processos sociais incompletos e provisórios.

A sociedade está cada vez mais situada nos limites desse tempo curto, do inacabável. O tempo em que as pessoas cada vez mais sabem menos sobre o que socialmente fazem e são. A incerteza tornou-se própria de uma sociedade em que as pessoas tomam decisões e agem como se estivessem na sociedade das grandes e definitivas certezas, embora de fato o alcance da circunstância do tempo pequeno seja limitado e temporário. É a sociedade anômica da conduta social do engano.

Na origem, a sociologia diagnosticava a anomia para fundar a educação para sua eventual superação. Pressupunha que a sociedade se polarizava entre o normal e o patológico e que a sociologia seria o meio ressocializador que permitisse à sociedade reconciliar-se com sua verdade. A anomia, porém, na sociedade fragmentária do tempo curto, tornou-se normal.

Ou diagnosticava a alienação, para contra ela definir a práxis, situar e compreender sua historicidade na contradição entre o reiterar e o revolucionar. Ou diagnosticava a ação não racional, residual em relação às certezas da razão. Ou, por esse meio, indicava o resultado objetivo da ação fundada em uma subje-

Sociologia do desconhecimento

tividade outra, como na relação entre a ética protestante e o espírito do capitalismo.[1]

Nas técnicas sociais de manipulação de impressões, as técnicas de construção social da realidade edificada sobre a mera interação, e a ela reduzida, mero embate social de compreensões e de disputa sobre significações, a sociologia descobriu que a sociedade já é outra. É mais de processos do que de estruturas, reduzidas a estruturas sociais do inexistente, do imaginário, ou, quando muito, do temporário. Meras referências para que o observador compreenda o incompreensível. O observador que procura ver cientificamente na névoa das dissimulações, dos fingimentos, enganos involuntários e, também, propositais, e mesmo mentiras. Ver e compreender as ocultações que asseguram o mesmo e a mesmice, ainda que sob disfarces, que se tornaram próprias da sociedade contemporânea.

Há situações sociais críticas em que grupos sociais temporários põem entre parênteses as referências estruturais que perduram, as da conduta social cotidiana. Eles elaboram uma estrutura social temporária e de emergência, regida por valores *ad-hoc*, aparentemente opostos e até negadores dos valores sociais correntes. O caráter social dessa orientação em tempo muito reduzido, na convergência das condutas individuais, sugere que a sociedade se rege também por estruturas sociais profundas e potenciais. Elas ficam adormecidas, sobrepostas por referências estruturais de superfície, cotidianas. Só vem "à tona" quando essas referências são anuladas ou bloqueadas por ocorrências que por elas não se explicam. Assumem uma conduta coletiva peculiar, adaptada à circunstância problemá-

---

1 Weber, *The Protestant Ethic and the Spirit of Capitalism.*

tica. Não é raro que, passado esse momento, os membros do grupo, ao retornar ao "normal", esqueçam-se do que fizeram no intervalo e até aleguem que, o que lhes é atribuído, é mentira. Isso acontece na conduta de multidão, em casos como o dos linchamentos.[2]

Na sociologia, há dificuldades para reconstituição científica da "verdade" daquilo que o pesquisador investiga. Aquela que se sobrepõe às concepções de indivíduos, grupos de interesse, categorias ou classes sociais, que são variações interpretativas do que a sociedade essencialmente é. A realidade é feita de verdadeiro e falso, não apenas de um ou outro. Ambos se carecem reciprocamente, no embate de concepções em busca de confirmação ou de superação. Depende da circunstância.

Cada uma dessas categorias vê o mundo de seu modo, o modo como consegue vê-lo e interpretá-lo. O modo de pensar e de conseguir ver o mundo de uma delas, no confronto com a realidade objetiva do processo de totalização que o fragmentário e o momentâneo escondem. Escondem o todo, a diversidade e a trama dos desencontros que reúne os diferentes em uma mesma sociedade não necessariamente na harmonia, mas muitas vezes no conflito. A verdade objetiva só é acessível à indagação fundada na neutralidade ética do observador e da observação, para que possa superar as limitações da aparência e do aparente.

Mesmo aí, a ciência também se sujeita aos critérios da sociologia do conhecimento e do pensamento crítico, o que indaga sobre o que leva a se interpretar a sociedade de um modo crítico em relação ao que pensa o sujeito coletivo. Isto é, não

---

2 Martins, *Linchamentos: A justiça popular no Brasil*, op. cit., esp. p.63.

Sociologia do desconhecimento

propriamente discordando, mas explicando. Nesses casos, o desencontro entre a verdade objetiva e a variedade de verdades circunscritas não é expressão do que o senso comum define como mentira. Mas em seu âmbito se situa enquanto modalidade de conhecimento cuja função é desconhecer o real em sua inteireza.

Henri Lefebvre situa a mentira no elenco do que impede a transformação da realidade. Além dela, o erro, a aparência, a ilusão; o que impele naturalmente à transformação da realidade.[3] Em termos dialéticos, o que bloqueia a historicidade da sociedade. Ou seja, a alienação e o desconhecimento.

Sob o rótulo geral de mentira, há a mentira dos mentirosos, mas há também, e sobretudo, a informação desinformativa (como no caso das *fake news*, que é a mentira com aparência de verdade, de notícia verdadeira e, também, a dos profissionais do engano), as concepções ideológicas, o conhecimento de senso comum, impressionista, as formas de conhecimento insuficiente em face do que poderia ser o conhecimento propriamente científico.

Como em qualquer ciência, o conhecimento sociológico é verificável por outro sociólogo. Nisso está a diferença entre o conhecimento científico e a variedade de conhecimentos sociais não científicos. A verdade dessa ciência é verificada na prática da sociedade, no laboratório da vida.

É uma grande pena que os sociólogos brasileiros tenham desenvolvido uma cultura acadêmica de sepultamento precoce da obra de seus colegas precursores. Penso, dentre outros, em

---

3 Lefebvre, *Introduction à la Modernité*, op. cit., p.74.

Florestan Fernandes, que entre nós desenvolveu consistentes análises sobre a diferença e a relação entre ciência e ideologia e sobre as possibilidades práticas do conhecimento sociológico na mudança social provocada. E conclamou os sociólogos a assumirem os objetivos de sua vocação científica: "Os sociólogos precisam assumir conscientemente as responsabilidades que lhes cabem no curso dos processos socioculturais que organizam o aproveitamento dos dados e das descobertas das ciências sociais pela sociedade".[4]

O falso pode invadir a observação sociológica nas premissas limitantes, extracientíficas, do tipo: até aqui eu vou, daqui pra lá não posso ir porque terei que entrar em conflito com meus compromissos ideológicos – meu partido, minha religião, meu grupo de interesse material ou político.

As situações da investigação sociológica falseada, para justificar conveniências sociais, acaba produzindo crises e rupturas, tensões e desorganização social. Temos tido situações assim no Brasil. Uma sociologia de fundo ideológico, deformadora da interpretação da realidade, não abrangeu em sua explicação a possibilidade da crise política de 2013 a 2018, que revelou os falseamentos interpretativos de uma ciência conivente com certos interesses e sectária, ideológica. Uma ciência bloqueada por filtros ideológicos à compreensão da realidade.[5]

---

4 Fernandes, *A sociologia em uma era de revolução social*, op. cit., p.90-109, esp. p.97.

5 Sobre o envolvimento do partido governante, entre 2003 e 2013, na trama de interesses que bloqueou a consciência crítica de seus militantes e os afastou do historicamente possível, veja Martins, *Do PT das lutas sociais ao PT do poder*.

Sociologia do desconhecimento

Isso não pressupõe que a dificuldade para o reconhecimento da "verdade" social seja expressão de mentira social. A busca científica da verdade na sociologia defronta-se com um conjunto extenso de variações de compreensão da realidade social aquém da realidade objetiva. Não quer dizer que possa se definir isso como informação falsa ou inverídica, não quer dizer que seja necessariamente mentirosa. É o caso do engano, da falsa consciência necessária,[6] da percepção incompleta da realidade por quem a vive, as limitações do senso comum.

Mas isso tampouco quer dizer que a realidade é feita de verdades e que a mentira constitui omissão ou deformação inconsciente de quem atua em sociedade, em relação aos fatos e acontecimentos. Diferentes perspectivas teóricas, na sociologia, têm, cada qual, sua orientação metodológica para observar a realidade. Com maior ênfase na mediação subjetiva e interpretativa de quem age ou maior ênfase na dimensão propriamente objetiva dos processos sociais, que não emerge à consciência do homem comum senão como falsa consciência.

Cada vez mais, a sociedade contemporânea é a trama de relações sociais mediatizada por essa consciência superficial e alienada, cotidiana. Espaço e tempo da manipulação social, ao mesmo tempo da verdade e da mentira, isto é, da incerteza e da indecisão. Erving Goffman assinala: "[...] na vida cotidiana é possível que, no geral, o atuante crie todo tipo de impressões

---

6 Quando se pensa a questão da falsa e da verdadeira consciência na perspectiva da teoria das classes sociais, é preciso levar em conta que o falso só o é por referência à possibilidade objetiva de que à classe operária se possa atribuir uma consciência verdadeira, objetivamente, a partir do possível contido em sua práxis. Lukács, *Histoire et Conscience de Classe*, op. cit., p.105.

falsas sem se dispor na posição indefensável de ter dito uma pura mentira".[7]

Só no limite, por razões puramente analíticas, incluo essas deformações de compreensão da realidade na categoria de mentira, no sentido corrente da palavra. Em essência porque, embora haja uma carga de intenção na mentira propriamente dita, o que importa, em seu estudo sociológico, é o método de mentir, de construir socialmente a mentira no processo interativo. O que na prática se opõe ao conhecimento verdadeiro, sendo, assim, desconhecimento – mesmo que desconhecimento necessário ao processo social. É que as orientações convergentes de conduta dependem de conformismo, consciência conformista, fundamento das diferentes formas de dominação política e de exploração do trabalho e da vida dos subalternos e de todos.

É claro que, quando se fala em mentira, se pressupõe que o mentiroso mente porque quer. Não se supõe que a mentira seja involuntária deformação do que possa ou deva ser reconhecido como verdadeiro. As funções sociais dos fatores de reiteração da realidade são personificadas, ainda que de diferentes modos, por diferentes sujeitos sociais, e justificadas pelas ideologias que lhes correspondem. No âmbito da falsa consciência se situam os materiais, isto é, as informações e a lógica da mentira.

No entanto, a interpretação sociológica da mentira só é possível no quadro de referência das relações sociais que a tornam compreensível, interpretável como o oposto do verdadeiro. Um desconhecimento sociologicamente explicável, na medida em que as deformações do conhecimento ocultador se tornam cada vez mais decisivas na vida social, sobretudo para assegurar

---

7 Goffman, *La presentación de la persona en la vida cotidiana*, p.73.

Sociologia do desconhecimento

o desconhecimento da realidade necessário à reprodução das relações sociais, nas condições atuais.

Algumas correntes da sociologia fenomenológica, como a da dramaturgia social de Erving Goffman, têm trabalhado com a suposição de uma deformação do real na manipulação intencional de impressões no processo de interação social,[8] que é decorrência da força dos diferentes poderios que interferem nos relacionamentos sociais. Mas, por cautelas próprias da observação científica, não se atrevem a dizer que todo homem é um mentiroso.

Na etnometodologia de Harold Garfinkel, a experimentação sociológica se baseia na mentira por ocultação de identidade do experimentador, como técnica de indução de respostas e condutas sociais que exponham o raciocínio prático, isto é, a verdade subjetiva, da pessoa que é objeto do experimento. Na situação de pesquisa, o pesquisador finge ser o que não é, o que faz com que o entrevistado interaja com um falso cientista. O que a este interessa é a "consideração *ad hoc*" desenvolvida na situação interativa, a força da temporalidade breve do aqui e agora, cuja revelação decorre do método manipulativo que o pesquisador introduz na relação.[9] Na verdade, o que o pesquisador quer saber é como opera a ordem a social, como se restabelece quando é artificialmente interrompida por ele.

É essa uma versão peculiar da manipulação social de impressões observada pela sociologia fenomenológica de Alfred Schutz. Com a diferença de que Schutz trabalha com a teatralidade cotidiana do homem comum. Enquanto Garfinkel é, ao

---

8 Cf. Goffman, *La presentación de la persona en la vida cotidiana*, op. cit.
9 Garfinkel, op. cit., p.21 e ss.

mesmo tempo, ator e roteirista dissimulados e o entrevistado é a vítima da trama investigativa. O experimento etnometodológico funciona quando a vítima grita de dor, na crua intepretação de Alvin W. Gouldner.[10]

Uma interpretação da manipulação social na perspectiva dialética é a de André Gorz: os indivíduos "podem converter-se para os demais em objetos de métodos que [...] são verdadeiras *técnicas da alienação* e do engano".[11]

A etnometodologia é o procedimento sociológico baseado na violação do entendimento tácito próprio e necessário dos processos interativos. O oposto do que pressupõe Max Weber, de que a ação é social porque a ação é referida à conduta de outros, é ação caracterizada pela reciprocidade de referência na orientação dos envolvidos, em uma relação igualitária e compreensivamente construída.[12] Verdadeira porque interpretada com base na previsão objetiva da conduta do outro, que se confirma no desdobramento da ação, e não em uma relação desigual.

O pressuposto das dificuldades da verdade, e não o pressuposto de um mundo dominado pela mentira, é regra desde as origens da sociologia. A sociologia se defronta com a variedade da verdade social, o que explica a complicada importância que nela tem a questão do método, tanto no que se refere aos métodos lógicos quanto no que se refere aos métodos técnicos.

---

10 Para uma análise crítica consistente das características peculiares e não convencionais da etnometodologia de Garfinkel, veja Gouldner, *The Coming Crisis of Western Sociology*, p.393.

11 Gorz, *Historia y enajenación*, op. cit., p.58 (Grifo do original).

12 Weber, *Economía y sociedad*: Esbozo de sociología comprensiva, p.5-6.

Sociologia do desconhecimento

Não por acaso, um de seus pais fundadores escreveu sobre o tema um livro clássico e básico até hoje. Falo de Émile Durkheim e seu livro *As regras do método sociológico*. É também no terreno do método e, por meio dele, da investigação sociológica da realidade social, que outro clássico, Max Weber, em seus *Ensaios sobre a teoria da ciência* e em seu estudo sobre *A ciência como vocação*, propõe critérios para obtenção do conhecimento objetivo — menos por pressupor a existência de uma verdade social absoluta e muito mais por entender que cada época tem seu critério de compreender a realidade social, o que faz da verdade uma verdade sempre relativa.[13] E não é o que faz do que dela discrepa ou do que a contraria uma mentira.

A sociologia sempre lidou com a possibilidade do engano, com o caráter fluido e relativo da instável verdade da realidade social. Com critérios objetivos, mesmo assim, pode ser reconstituída pelo pesquisador. Weber, Em uma conferência famosa, entendeu que a ciência se relaciona com o progressivo desencantamento do mundo, no sentido de sua crescente racionalização.[14] Situações peculiares como a da sociedade brasileira, e não só dela, indicam, no entanto, cada vez mais, um crescente reencantamento do mundo. Não só com a proliferação das religiões, mas também com a recaracterização da sociedade como sociedade das novas fantasias de origem científica e técnica, manipuladoras das mentalidades e atenuadoras do acesso à própria verdade do homem.

---

13 Id., *Essais sur la Théorie de la Science*, p.123.

14 Weber, A ciência como vocação. In: *Ciência e política:* Duas vocações, p.17-52.

O livro de John Arundel Barnes, professor de sociologia na Universidade Nacional da Austrália, prudentemente sugerido como um texto "para uma sociologia da mentira",[15] é antes uma ampla e livre divagação sobre o tema. Sem rumo preciso e sem compromissos teóricos que ajudem o leitor, sociólogo ou não, a entender o que pode ser uma boa reflexão sociológica sobre a mentira.

A mentira tem sido uma prática comum em diferentes sociedades por razões culturais diferentes entre si. Seu estudo sociológico é possível, em nosso caso, desde que se leve em conta a peculiaridade de sua ocorrência em situações sociais determinadas.

Em sociedades tradicionais, como as sociedades camponesas, a mentira parece ter um lugar bem demarcado, do mesmo modo que a figura do mentiroso é aí bem definida, um estereótipo de contornos precisos, distinto do estereótipo do insano e do louco. Basicamente, o mentiroso é, nesses casos, o irresponsável, o que não leva a sério a responsabilidade social associada ao que é dito.

Entre nós, o arquétipo desse mentiroso está na figura de Pedro Malasartes. Contra as diferentes formas de dominação, de constrangimento e controle, ele opõe sua astúcia. A mentira tem aí conotação socialmente positiva. Ele é um herói do imaginário popular. A esperteza de Malasartes o sobrepõe ao mando dos que o cercam. Malasartes mente para transgredir e transgride para expressar sua insubmissão e a independência de sua pessoa.

---

15 Barnes, *Um monte de mentiras (Para uma sociologia da mentira)*. Para uma resenha crítica desse livro, veja Martins, Sociólogo faz estudo duvidoso sobre a mentira, *Caderno de Sábado (Jornal da Tarde)*, p.7.

Sociologia do desconhecimento

Não raro, as peças que Malasartes prega nos outros carregam consigo um certo sentido de fazer justiça na relação injusta e opressiva com os espertos e os espertalhões. Malasartes é mais esperto do que os espertos. Isso, evidentemente, não faz dele um paladino da justiça. Apenas indica os recursos e ardis que o homem comum é obrigado a empregar, até rotineiramente, para se defender contra os outros em relacionamentos permeados por manipulação, omissão, silêncios propositais, informações falsas – enfim, pela mentira.

A mentira é um modo de introduzir o desconhecimento e a falsa consciência em relacionamentos sociais, sempre carentes do conhecimento de sua verdade. A mentira, na sociedade contemporânea, é um poder ou um contrapoder.

Nesse sentido, Pedro Malasartes, com suas trapaças e suas espertezas, ao enganar os outros, revela uma consciência crítica de suas relações sociais imediatas. Uma certa recusa de um relacionamento desigual em que, por razões estranhas à situação, o outro participa do relacionamento em condições de impor sua vontade.

Mentir, no caso de Malasartes e da cultura popular que ele personifica, é assumir a condição de duplo. A astúcia mentirosa se impõe como parte de uma estratégia de dissimulação daquilo que se é e, sobretudo, daquilo que os outros querem que sejamos. Nessa mentira, esse querer do outro é aparentemente aceito e dissimuladamente recusado. A mentira é aí componente de uma estratégia de dissimulação. Ela indica que as pessoas estão vivendo uma situação social para elas insuportável, mas à qual não podem opor sua própria concepção das coisas e das relações entre as pessoas.

Um caso emblemático de dissimulação, que acompanhei pessoalmente, é o que já citei, de Galdino, um trabalhador rural, líder messiânico, preso e processado no interior de São Paulo, durante a ditadura militar, porque organizara um "exército divino". Mobilizava seus membros em favor da restauração da ordem na moralidade das pessoas e na natureza.

Absolvido pela justiça comum, foi processado pela Justiça Militar, julgado inimputável e recolhido ao Manicômio Judiciário sob a acusação de que, se não era subversivo, era, então, esquizofrênico paranoide. Ficou ali por quase nove anos, sua permanência renovada a cada dois anos por decisão médica, pois o consideravam perigoso. Em seu relacionamento com os médicos, Galdino tinha uma conduta conformista, mas seus gestos (sorrisos, expressões de rosto, movimento das mãos) indicavam inconformismo com o conformismo que dele queriam a instituição e os médicos, que agiam em nome da polícia política e da Justiça Militar.

Galdino, portanto, usava uma *linguagem dupla*: com a fala dizia e com os gestos desdizia, decodificando a palavra falada com movimentos e expressões. Expressava, assim, sua descrença naquilo que a circunstância o obrigava a dizer e representar. Com seu conformismo verbal, sua mansidão e sua submissão, Galdino mentia para os interlocutores. Mas, com os gestos, dizia para si mesmo que estava mentindo: sua religiosidade moralista não lhe permitia mentir nem lhe permitia contestar e enfrentar o outro, reconhecer no outro um inimigo. Mas sua outra personalidade, defensiva, gestada com a repressão e a prisão, personalidade oculta e insubmissa, se manifestava na linguagem paralela desse outro ser social, o de sua verdade.[16]

---

16 Martins, *A militarização da questão agrária no Brasil*, esp. O boiadeiro Galdino – do Tribunal Militar ao Manicômio Judiciário, p.113-127.

Sociologia do desconhecimento

No mundo urbano e moderno, as condições do uso da mentira nas relações entre as pessoas têm características obviamente diversas. De um lado porque os que mentem não chegam a definir o que se poderia chamar de perfil do mentiroso urbano. Na cidade, é mais comum alguém dizer que "fulano está mentindo" ou "fulano mentiu" (Em uma situação definida e momentânea) do que dizer que fulano é um mentiroso contumaz. Quando muito, "fulano mente", isto é, não hesita em mentir.

São tipos humanos próprios de circunstâncias diferentes, que por sua vez, são momentos diferentes do desenvolvimento social. A mentira rural é autenticamente comunitária, socialmente excepcional, individualmente um defeito de caráter. A mentira urbana é societária e tópica, ocasional, no que diz respeito aos indivíduos, e constitutiva no que diz respeito à sociedade. Na cidade, todos mentem, todos sabem mentir, dependendo da circunstância e do momento. Porém, ao contrário do que acontece no mundo rural, a mentira é um recurso de sociabilidade, uma estratégia de relacionamento, invocada quando o cenário do processo interativo favorece ou pede a mentira para tornar a interação eficaz. Na sociedade tradicional, que entre nós foi e, em alguns lugares, ainda é, a sociedade da roça, o mentiroso mente porque vive em um mundo em que nem sempre é possível distinguir o que é fantasioso do que não é. Fica evidente que a fantasia na sociedade tradicional é fantasia compartilhada, é um elemento de conhecimentos fantasiosos constitutivos e desconstrutivos. Em rodas de conversa, na roça,

---

Sobre a dissimulação na cultura de transição do campo para a cidade, veja Martins, *Capitalismo e tradicionalismo*, esp. Música sertaneja: a dissimulação na linguagem dos humilhados.

em diferentes lugares do Brasil, a mentira é comum na narração de casos. Frequentemente, o caso funciona como deixa para que outro participante agregue seu próprio caso, que confirma o caso já contado por outro. Quanto mais evidente a mentira e, portanto, a fantasia, maior a cumplicidade dos circunstantes. É uma manifestação de identidade, cuja unidade decorre da mentira que mostra haver uma matriz de significados que articula a consciência coletiva.

Na cidade, o ouvinte da mentira ou a desmonta, ou ouve piedosamente. Ou seja, quem mente não é reconhecido como membro da sociedade, senão residual e precariamente. Do mentiroso cobra-se o tributo do descrédito permanente, mesmo quando fala uma verdade. Ser reconhecido como verdadeiro é um capital social muito prezado. O oposto de como é interpretada a mentira.

A figura do mentiroso não se constitui aparentemente porque a possibilidade de sustentação da mentira, em sociedades urbanizadas, é muito reduzida para ser posta em prática por longo tempo. A multiplicidade das relações sociais sugere maior número de informações cotidianamente chegadas a cada pessoa; a possibilidade de confrontar informações é maior e mais frequente.

Nesse sentido, a possibilidade de encenação não é generalizada nem alcança as situações sociais fundamentais. A encenação de que trata Goffman funciona apenas nos encontros circunstanciais. Provavelmente, não funciona em situações que se renovam, que se repetem, e em relações sociais distribuídas por mais de uma única e transitória situação social. Se as pessoas se encontram frequentemente em *diferentes situações sociais*,

Sociologia do desconhecimento

situações demarcadas por cenários entre si diferentes, que reclamem diferentes encenações, um certo contexto de bastidor acaba por se difundir nessas diferentes situações. Denuncia, assim, critérios e padrões de fingimento adotados pelos protagonistas. Isso fragiliza a encenação.

Mas é o que se põe no outro extremo em relação ao mundo rural que tomei como primeira referência. No caso de uma cidade como São Paulo, lugar de migrantes, de muitas pessoas que procedem do mundo rural ou que procedem de agrupamentos urbanos ainda fortemente ruralizados, é necessário considerar aquilo que, em outros tempos, sociólogos e antropólogos definiam como situações de transição. Minha suposição é a de que casos como o de Galdino são extremos e expressam justamente os desencontros próprios de um moderno insuficientemente constituído. Com isso quero dizer que a cidade, em nosso caso, não ressocializa completamente o migrante; não o integra no mundo propriamente urbano. Seguramente, a pobreza e a marginalização social (o que hoje se chama indevidamente de exclusão) é um poderoso fator dessa inserção precária no mundo urbano e moderno. Porque essa inserção depende dos meios e instrumentos que exigem gestos, condutas e concepções próprios da modernização urbana. O acesso limitado e precário às mercadorias, aos meios e aos recursos que impõem a transição acaba respondendo por uma inserção ambígua na realidade urbana. Isso pode ser visto desde o equipamento doméstico (incluindo a casa e sua localização em face das casas vizinhas) até o uso que se faz dos ícones da modernidade, como a televisão (geralmente colocada em um nicho privilegiado da casa, como ocorria com os oratórios domésticos das casas de roça).

Portanto, em uma pesquisa sobre o tema, estaríamos trabalhando com dois grupos de situações que envolvem o uso da mentira e a conduta mentirosa. De um lado, pessoas integradas no mundo urbano, as de classe média e rica, sem tradição rural recente. De outro lado, as que estão em transição, com frequência envolvidas em situações que exigem duplicidade de conduta. A *hipótese básica* de uma pesquisa assim é a de que *a mentira é uma forma de conhecimento crítico da situação social imediata e das relações sociais vivenciadas por quem a usa em determinados relacionamentos sociais.*

Nessa perspectiva, as pessoas mentem porque querem evitar o constrangimento e a vergonha que poderia advir do confronto, pelo outro, de conduta imprópria diante do que os outros presumivelmente consideram a conduta adequada. Talvez o mentiroso minta para preservar sua autoestima, para manter sua coerência interior em face de uma certa impossibilidade ou mesmo incapacidade para lidar com a sociabilidade própria das situações que as circunstâncias o obrigam a viver.

Nessa circunstância, a mentira é um fingimento socialmente necessário à sustentação de um relacionamento marcado pelo desencontro situacional entre pessoas culturalmente distanciadas. Estamos diante do desencontro entre o que a pessoa é e o que a sociedade diz que ela deve ser.

O mentiroso mente porque sua concepção das relações sociais é por ele mesmo admitida como frágil, imprópria. Mente para obter vantagens que a insuficiência de seu equipamento cultural de identificação não lhe permitiram obter se não mentisse. Ao mentir, ele reconhece a precedência e a superioridade da concepção do que as coisas deveriam ser, que imputa ao outro, àquele a quem a mentira é dirigida. Há aí, certamente,

Sociologia do desconhecimento

uma relação de poder. A mentira é, nesse caso, estratégia dos socialmente frágeis (não por acaso é preferentemente atribuída aos pobres, às crianças, aos "imaturos"). É, também, expressão de um modo de ser que deve ser ocultado e que não tem condições de se traduzir em uma proposta de transformação de toda a sociedade. Não tem condições de se tornar padrão de conduta e modo de vida de todos.

A consciência crítica que a mentira pode expressar só é crítica em relação ao modo dominante de ser. É uma consciência residual e rebarbativa. Nesse sentido, é uma *consciência crítica documental*, que pode ser estudada como documento dos padrões dominantes de conduta e sociabilidade de uma sociedade determinada. A mentira expressa, no mentiroso, em quem mente, um modo de superar marginalizações em relação à sociabilidade própria dos pequenos grupos, até mesmo da família. É sobretudo instrumento da sociabilidade da margem da sociedade, precursora da cultura da fantasia da pós-modernidade.

Mas a mentira é também expressão de aguda consciência crítica da inserção social problemática e frágil dos que mentem porque não se rendem ao fingimento que lhes é imposto pela alienação. A mentira individual é contrapartida autodefensiva da alienação e da mentira social que se expressa no desconhecimento do real, na falsa consciência. Autodefesa das vítimas da pobreza de pertencimento e da pobreza de verdades em uma sociedade edificada sobre a premissa de insuficiências e de carências. Uma sociedade em que já não se sabe o que é verdade e o que é mentira, na sociedade da verdade meramente passageira, a da incerteza.

Diálogo com o senso comum

I

De vários modos, para firmar-se como ciência, a sociologia se propôs desde o início como modalidade de conhecimento diverso e até antagônico ao de senso comum. Apoia-se em procedimentos racionais e objetivos, em métodos científicos, tanto na investigação da realidade social quanto em sua explicação científica.

Suas fundamentais orientações teóricas, no entanto, em nenhum momento deixaram de considerar o senso comum de mediação e componente da realidade social que é objeto de referência da pesquisa e da análise sociológicas. O senso comum como modalidade de conhecimento originário, que é matéria-prima da sociologia e sobre o qual incide a crítica sociológica.

É claro que cada corrente teórica tem sua própria orientação na amplitude da valorização do conhecimento de senso comum como matéria-prima e mediação do conhecimento propriamente científico.

Com o surgimento da sociologia, o que mudou foi a conceituação do senso comum e de seu lugar no mundo do conhecimento. A realidade social é constituída de senso comum, as próprias relações sociais são mediadas por ele e mesmo as estruturas sociais têm sua primeira definição nas regras de conduta e de compreensão nele inscritas. Esse é o material primário de que se vale o sociólogo para desenvolver a explicação científica do que a sociedade é e de sua dinâmica. E nessa referência, à luz da ciência, não há consciência que corresponda ao que a ciência pode ver e analisar. Com maior reconhecimento da subjetividade dos agentes sociais, como na orientação compreensiva e fenomenológica, ou com menor na orientação dialética, ou secundária, na orientação funcionalista.

Mesmo para ensinar sociologia, o senso comum é uma referência incontornável, tema do diálogo pedagógico e ferramenta didática do ensino. O ensino da sociologia tanto na universidade quanto na escola média só tem sentido e só é possível se o docente for professor e cientista ao mesmo tempo. A situação social de ensino pode e deve ser interpretada como situação de pesquisa, como na pesquisa-ação da concepção de Orlando Fals Borda.[1] Nela, o que conta é o processo interativo que ocorre na relação de aula, em que o docente e o aluno se compreendem e se interpretam tanto na perspectiva da sociologia, um, quanto na perspectiva do senso comum, outro. Perspectivas que se enriquecem reciprocamente e que pedem que a relação seja de pesquisa e de compartilhamento da análise nela necessariamente envolvida. É esse um modo peculiar de ensinar essa singular ciência, em que

---

1 Fals Borda, *La ciencia y el pueblo: nuevas reflexiones sobre la investigación-acción*, p.1-32.

sujeito e objeto se separam no plano da abstração, embora não possam existir separados.

Nem mesmo na sociologia de Émile Durkheim – o autor que formalizou a postura metodológica da sociologia em relação ao tema –, o conhecimento de senso comum é posto à distância na perspectiva da coisificação que não raro a ele se atribui. O senso comum se distancia da sociologia apenas enquanto o substrato dessa ciência é a sociedade. Mas dela se aproxima enquanto é o indivíduo que dele se vale para se desempenhar socialmente, ainda que movido por uma consciência individual do que é social. Além disso, é através do senso comum que os estados de anomia se manifestam.

Em sua obra, a distinção entre indivíduo e sociedade é sociologicamente essencial. A consciência individual é um fato da vida cotidiana, de que o senso comum é componente, enquanto a consciência social tem como substrato a sociedade, que não se propõe naturalmente à análise do pesquisador, pois depende de procedimentos científicos para se revelar.[2] "Mas porque", diz ele, "a sociedade é composta de indivíduos, parece ao senso comum que a vida social não pode ter outro substrato senão a consciência individual, caso contrário, como que ficaria no ar, planando no vácuo."[3]

Os fatos sociais são coisas porque tratados como coisas pelos sociólogos, naquilo que têm de coercitivo em relação ao indivíduo. A sociologia que os observa e explica, desse modo, envolve uma questão de método científico, de que resulta o

---

2 Durkheim, *As regras do método sociológico*, op. cit., p.XXIV.
3 Ibid., p.XXIII.

vislumbre de uma realidade social distinta da concebida pelo senso comum.

Na perspectiva sociológica, o senso comum, aliás, revela-se uma rica modalidade de conhecimento, imperceptível, irrelevante para o homem comum; densa de ocultações, como as relativas à complexidade dos mecanismos de socialização dos imaturos e de ressocialização dos já adultos, que são seres ativos nesses processos, e não seres passivos como no geral pressupõem os educadores e os pais.

Além disso, como observa Florestan Fernandes, o próprio avanço da ciência modifica os métodos científicos e aquilo que por meio deles é observado.[4] Na tensão entre a sociologia e o senso comum, a concepção de objeto se altera com o correr do tempo. O próprio avanço da ciência ilumina aspectos ocultos do objeto, redefine-o e o repropõe com novas características. Em algumas das ciências humanas é comum seus sujeitos de referência tentarem capturar as respectivas interpretações na interação com os pesquisadores, em especial na situação do trabalho de campo. O conhecimento de senso comum se altera, se refina, se enriquece e nem por isso se torna científico.

Nos dias de hoje, não é raro encontrar livros de sociologia, de antropologia e de psicologia, em versão de bolso, em bancas de jornais de aeroportos e rodoviárias para serem lidos como entretenimento instrutivo. Algo que também acontece em sessões de psicoterapia, o paciente tentando capturar o código interpretativo utilizado pelo analista e, em seguida,

---

4 Fernandes, *Fundamentos empíricos da explicação sociológica*, op. cit., esp. p.XIII.

Sociologia do desconhecimento

agindo como colega do profissional, sobretudo nos casos de terapia de grupo.

Podemos observar as consequências dessa mudança no rico desenvolvimento da sociologia fenomenológica se a compararmos com os formalismos e cuidados tanto na sociologia de Durkheim quanto na de Weber. As decisivas contribuições do austríaco Alfred Schutz, do também austríaco Peter Berger, do austro-esloveno Thomas Luckmann e do canadense Erving Goffman abriram um extenso campo de investigação e de interpretação sociológicas que propõem uma radical revisão da limitada e restritiva concepção do senso comum como referência negativa na sociologia. O desenvolvimento da sociologia do conhecimento de senso comum,[5] de raiz weberiana, e o da sociologia da vida cotidiana,[6] de raiz marxiana, são indicativos de uma orientação que não teve como não reconhecer a importância do pensamento do homem comum como matéria-prima da sociologia.

Nesse sentido, o senso comum com que se defronta a sociologia na situação de ensino, na sala de aula, é extensão do conhecimento que norteia, na vida cotidiana, as condutas e interpretações populares da sociedade historicamente determinada. E antropologicamente definida, de pertencimento tanto de alunos quanto de professores. Uma coisa é a situação interativa de professores e alunos em Paris, Cambridge ou Harvard. Outra coisa é a situação social que define significados, condutas, compreensões, esperanças, conflitos em uma sala de aula em São Paulo, Recife, Fortaleza, Salvador, Belém, Porto Alegre,

---

5 Berger; Luckmann, *La construcción social de la realidad*, op. cit.
6 Lefebvre, *Critique de la Vie Quotidienne*.

Curitiba ou Rio de Janeiro. Lá e cá as tradições, os costumes, a história, a mentalidade são diferentes, e diversos os modos de ver e de ver-se.

É impossível ensinar sociologia em cursos de graduação em uma universidade brasileira sem conhecer e reconhecer sociologicamente as condições sociais do ensino e do processo interativo entre quem ensina e quem aprende. Programas, temas, ordenação didática dos assuntos e procedimentos pedagógicos dependem daquilo que o docente considera uma sociologia do ensino. A sociologia como ciência, cujo objeto de referência é também sujeito, personificado por sujeitos de consciência, de querer e, também, de concepções necessariamente alienadas do que é a sociedade. A sociologia, no fim das contas, é uma mediação entre o querer da sociedade e o querer do sujeito, é uma ciência tensamente situada entre poderios e disputas pelos códigos e linguagens da interação.

O aluno é, nos dias de hoje, sujeito de conflito em nome de um senso comum politicamente ideológico ou religioso. Mas também sujeito de motivos e de motivações, agente de circunstâncias históricas e de demandas sociais e históricas. Ao professor cabe apenas tomar o único partido possível na situação de ensino, o da ciência, seus requisitos e condições.

Quando entre nós começaram a surgir os cursos de Ciências Sociais, especialmente com a criação da Faculdade de Filosofia, Ciências e Letras da Universidade de São Paulo, em 1934, isso aconteceu tendo em vista, sobretudo, o público ao qual se destinava: o dos futuros professores de sociologia das escolas normais do Estado de São Paulo, que formariam os professores primários destinados a ensinar crianças da cidade e da roça nas escolas elementares. Nascia o modelo brasileiro dominante do

Sociologia do desconhecimento

ensino universitário de sociologia. Prepararia docentes munidos de formação científica para lidar com o atraso social e com as resistências ao advento do mundo moderno por parte das populações simples e rústicas dos bairros das cidades e da roça. A sociologia destinava-se a dialogar com o senso comum, na situação de ensino, para modificá-lo, libertando-o do tradicionalismo, sobretudo do conformismo repetitivo que bloqueava a sociedade às inovações do mundo moderno e à suposta emancipação da pessoa que elas promoveriam.

Não se tratava apenas de ensinar sociologia. No discurso de paraninfo da primeira turma de licenciados da Faculdade de Filosofia da USP, em 1937, que tem o emblemático título de "Universidade, realização da revolução democrática", o jornalista Júlio de Mesquita Filho, o principal idealizador da USP, salientava que o propósito dos cursos daquela escola era também o de formar cientistas. Ao contrário das escolas superiores que formavam profissionais liberais,

as vossas preocupações são de outra natureza. Não são passíveis de aplicação imediata as disciplinas em que formastes o vosso espírito. Egressos de uma faculdade onde se professa o culto da ciência pela ciência, espontaneamente votastes a vossa vida e a vossa inteligência ao progresso dos conhecimentos humanos. Por si só, bastava essa circunstância para que vos tornásseis credores do respeito e da gratidão de quantos veem na cultura desinteressada o apanágio dos eleitos, e na importância que lhe dão as coletividades humanas a medida pela qual se pode aquilatar o valor real de um povo.[7]

---

7 Mesquita Filho, *Política e cultura*, p.155-6.

Mesmo os que optaram pelo ensino nas escolas intermediárias foram também pesquisadores, cujos trabalhos podem ser encontrados nas publicações dos anos 1930 a 1960, em jornais e revistas. Eram professores da escola média com uma concepção inovadora do ensino, especialmente no da sociologia: os alunos como colaboradores na pesquisa e no estudo da própria realidade social em que viviam. Uma realização da concepção da sociologia como autoconsciência científica da sociedade, na qual insistirá Florestan Fernandes seguindo os passos de Hans Freyer.[8]

O que, com o tempo, se perderia com a disseminação do entendimento ideológico e partidário, reacionário, de que o homem comum é apenas receptador de consciência e não autor de consciência social, sujeito passivo e não sujeito ativo dos processos sociais. O conhecimento social como monopólio das corporações políticas (ou religiosas), mais meio de dominar do que de libertar e emancipar.

Um ano antes da USP, a criação da Escola de Sociologia e Política de São Paulo, em 1933, antecipava uma variante dessa que seria a orientação dominante na disseminação dos cursos universitários de sociologia. Mais para prevenir do que para corrigir, mais para monitorar os problemas sociais relacionados com a industrialização e a urbanização.

O que se compreende, pois fora a Escola uma iniciativa de um grupo que tinha em destaque Roberto C. Simonsen, engenheiro formado pela Escola Politécnica de São Paulo, industrial, um dos principais fundadores da Fiesp – Federação das

---

8 Freyer, *La sociología, ciencia de la realidad*, op. cit., p.110.

Sociologia do desconhecimento

Indústrias do Estado de São Paulo –, em 1929, um pensador das questões sociais, especialmente nas relações de trabalho. Aliás, Simonsen foi leitor de *O capital*, de Karl Marx, para escândalo da família, conforme me revelou uma de suas sobrinhas. Ele seria professor de História Econômica do Brasil naquela Escola e, de certo modo, formulador de uma teoria brasileira do desenvolvimento voltada para a superação dos ciclos econômicos e o estabelecimento da indústria como núcleo dinâmico da economia, a teoria que vingará na reorientação econômica do país, nacional-desenvolvimentista, nos anos 1930 e 1940.

Nas diferentes disciplinas, a ESP tinha inclinação para o conhecimento aplicado, que era uma das opções de Simonsen.[9] De modo geral, seus docentes e pesquisadores se interessaram por estudos etnológicos, demográficos, raciais e econômicos, mas também pela economia cotidiana das famílias, por questões como o padrão de vida dos trabalhadores. De certo modo, a cidade de São Paulo foi, para eles, uma espécie de laboratório de pesquisas e de ensino. Foi uma escola pioneira em vários campos das ciências sociais e nesse sentido atrairia alunos da USP, que seria criada no ano seguinte, e que ali teriam uma formação complementar. Diferente do que aconteceria na Faculdade de Filosofia, atraiu nos primeiros anos homens e mulheres da elite paulista, que frequentaram suas aulas. No manifesto de fundação, anunciava-se que "a Escola oferecerá aos estudiosos um campo de cultura e de preparo indispensável para eficiente atuação na vida social".[10]

---

9 Martins, O ensino de métodos e técnicas de pesquisa nos cursos de Ciências Sociais, *Estudos de Sociologia*, p.232-5.

10 Kantor; Maciel; Simões (orgs.), *A Escola Livre de Sociologia e Política*.

O Brasil de referência na criação da USP era um país que se industrializava, sem dúvida, mas era sobretudo o país herdado da agricultura de exportação e da escravidão. Um país atrasado que teimava no atraso, que se acostumara a ser o que sempre fora. Um país que desconhecia os atributos e supostos benefícios do mundo moderno, até então apenas acessíveis aos proporcionalmente poucos que iam todo ano à Europa, que consumiam produtos importados, que liam publicações europeias, sobretudo francesas. Um país em que a invasão dos itens da sociedade moderna era interpretada na perspectiva retrógrada do que tinha sentido na sociedade tradicional. Portanto, uma invasão de coisas, mas não a disseminação de significados, de outro modo de pensar, de ver e de interpretar o mundo. Algo como "assustar o cheque", no lugar de "sustar o cheque", troca comum de linguagem na cidade e na roça, a palavra desconhecida substituída pela que tem pronúncia mais próxima do que é conhecido, ainda que com significado completamente diferente.

Na poesia irônica e na música de Cornélio Pires, o criador da música sertaneja, em 1929, debochava da modernidade e exaltava o caipira ladino como herói da cultura popular.[11] Na elite, desde os fins do Império e do avizinhamento da República, vivíamos um surto de ufanismo em que remetíamos nossa nova identidade patriótica para o indígena imaginariamente épico que, na verdade, havíamos escravizado e aniquilado. E ainda naquela época o matávamos nos territórios da expansão da fronteira devastada para o plantio de extensos cafezais.

---

11 Martins, *Capitalismo e tradicionalismo*, op. cit., p.103-61.

Sociologia do desconhecimento

Mas ele sobrevivia na herança da mestiçagem e das tradições culturais que nos legara, da linguagem aos costumes. Um reconhecimento para negá-lo na revolução educacional republicana, que terá como um dos ingredientes justamente a sociologia, uma ciência de consciência crítica da sociedade, mesmo na perspectiva durkheimiana, como ressaltou Florestan Fernandes.[12]

Ver com olhos científicos era um novo modo de ver e de conhecer quem até então não sabíamos que éramos. Um modo, também, de pôr em ângulo crítico e na perspectiva sociológica o que agora, na nova era política do Brasil, fantasiávamos na busca de uma nova identidade coletiva, fora do marco racial da escravidão. Era a forma brasileira de lenta gestação da categoria povo.

Havia ambiguidades e contradições nesse movimento. Cornélio Pires, em 1910, fez uma primeira conferência sobre o caipira e a cultura caipira, na Escola Mackenzie, com apresentação de catireiros, cururueiros e violeiros de moda caipira. Nos anos seguintes, fez conferências sobre a cultura caipira e o caipira como tipo humano, em dezenas de cidades paulistas. Ressaltava-lhe a inteligência e o espírito. A partir de certo momento, formou uma trupe de seis músicos de música caipira, que completava e ilustrava suas conferências.

Em 1914, por seu lado, Monteiro Lobato publicava um artigo em linha oposta, com o significativo título de "Uma velha praga", em que destacava os aspectos retrógrados e mesmo nocivos da cultura caipira, como o costume das queimadas para

---

12 Fernandes, *Sociedade de classes e subdesenvolvimento*, p.14.

preparar a terra para o cultivo.[13] Esse atraso no uso de técnicas agrícolas será um dos alvos da sociologia aplicada no extensionismo rural e na formação dos engenheiros agrônomos.

O célebre Jeca Tatu, de Monteiro Lobato, roceiro estereotipado e estigmatizado, era instrumento de uma crítica social dirigida ao caipira, o brasileiro originário da mestiçagem de branco e indígena, descendente do indígena administrado, em cativeiro até 1755-57. Na consciência social do país que resultou do fim da escravidão e da proclamação da República, ele personificava o destino conformista que o Brasil republicano negava: o atraso era concebido como uma doença social.

Não por acaso, Lobato escreveria o livreto publicitário *Jeca Tatuzinho*, que seria distribuído em muitos milhões de exemplares nas embalagens do Biotônico Fontoura, fabricado por seu amigo Cândido Fontoura, um farmacêutico do interior, a partir de 1910. Um texto de grande penetração e de grande impacto nas populações simples e pobres tanto da roça quanto da cidade. Era uma espécie de manual popular de medicina preventiva que dava conselhos ao caipira rústico e enfermiço. O remédio, ao descaipirá-lo, transformava-o em um agricultor robusto, moderno e próspero porque o libertava da vulnera-

---

13 O programa organizado por Cornélio Pires, no Mackenzie, deve ter ocorrido pela época do lançamento de seu livro *Musa caipira*, pela editora de Monteiro Lobato, o que se supõe pelo anúncio de divulgação do livro. *O Estado de S. Paulo*, 13 ago. 1910, p.10. O artigo de Monteiro Lobato foi publicado quatro anos depois, no mesmo jornal, quando Pires já se tornara um astro de conferências sobre o caipira e seu dialeto. Lobato, Uma velha praga, *O Estado de S. Paulo*, 12 nov. 1914, p.3.

Sociologia do desconhecimento

bilidade das doenças ocasionadas por seu atraso e mudava-lhe os costumes e a mentalidade.

O imaginário socialmente medicinal antecipava em duas décadas a sociologia dos extensionistas rurais, que a usariam para quebrar as resistências à inovação técnica na agricultura por parte de lavradores incultos e atrasados.

Não é estranho que a sociologia fosse incluída no currículo da Universidade recém-criada por iniciativa de um lúcido e esclarecido durkheimiano, o jornalista Júlio de Mesquita Filho, já citado, seu idealizador e um de seus fundadores, como uma espécie de ciência socialmente terapêutica.[14] Cujo jornal, aliás, publicara em 1914 o mencionado artigo de Monteiro Lobato.

Em nome do progresso e da modernização, a sociologia corrigiria os defeitos de origem da República, no fundo, postiça, mero implante sobre as ruínas da monarquia e da escravidão. A República, na compreensão de Júlio de Mesquita Filho, em São Paulo, dividira-se em uma facção que implantou o atraso do regime oligárquico no país, e uma facção liberal, dissidente, cujos intelectuais se reuniam na redação do jornal *O Estado de S. Paulo*, onde tramavam a criação da USP. Em São Paulo, a dissidência liberal e antioligárquica do Partido Republicano

---

14 Preso, no término da Revolução Constitucionalista de 1932, mandou uma carta à esposa, Marina, pedindo-lhe que lhe levasse dois livros, um deles "do Durkheim sobre educação". Mesquita Filho (org.), *Cartas do Exílio:* A troca de correspondência entre Marina e Júlio de Mesquita Filho, p.33. Na cadeia, ganhava consistência o projeto de criação da Universidade de São Paulo. Sobre a influência de Émile Durkheim na concepção de Universidade de Júlio de Mesquita Filho, veja Candido, Um "ilustrado" Júlio de Mesquita Filho. In: Mesquita Filho (org.), op. cit., p.358.

Paulista acabaria fundando o Partido Democrático que, apesar de ter apoiado a Revolução de Outubro de 1930, foi marginalizado pelos tenentes, protagonistas das revoltas tenentistas, e por Getúlio Vargas.[15]

O pensamento de Júlio de Mesquita Filho remontava à tradição do determinismo e do evolucionismo e se alinhava com autores brasileiros e latino-americanos que identificavam raízes geográficas e históricas nas diferenças regionais do país com implicações sociais e políticas. Ao invocar a autoridade de Capistrano de Abreu, dizia: "Sem os recursos que os progressos da sociologia nos proporcionariam, o ilustre historiador antevira o conflito entre a planície, em sua essência platina e, por conseguinte espanhola, e o planalto fundamentalmente português".[16] A planície caudilhista e autoritária da cultura de fronteira que se materializaria na ditadura de Vargas. Aliás, o determinismo está presente no pensamento social de Euclides da Cunha, que foi corresponde do jornal *O Estado de S. Paulo* no sertão da Bahia, na Guerra de Canudos (1896-7), de que resultou seu livro *Os sertões*.

A sociologia na USP representava um importante aperfeiçoamento do pensamento social e da formação autodidática de alguns nomes significativos do republicanismo exaltado e antioligárquico. Ela foi proposta como um recurso de compreensão dos dilemas nacionais agudos, que levarão à revolução brasileira, tendo como seu momento mais significativo a criação da Universidade de São Paulo. Durkheim, portanto, era o recurso teórico privilegiado para dar sentido a um processo

---

15 Mesquita Filho, *Política e cultura*, op. cit., p.68-9.
16 Ibid., p.114.

Sociologia do desconhecimento

político demarcado pela tensão entre oligarquismo e liberalismo, entre ordem e progresso. Aliás, Fernando de Azevedo, um dos frequentadores da redação de *O Estado de S. Paulo*, um dos fundadores da USP e um dos titulares de sociologia de sua Faculdade de Filosofia, conheceu a obra de Émile Durkheim por recomendação de Júlio de Mesquita Filho.

A sociologia era proposta como um instrumento para remover o que, na primeira Sociedade Brasileira de Sociologia, nos anos 1950, seria tema de um de seus congressos, as resistências sociais à mudança. A sociologia se propunha como o "fórceps" que arrancaria do ventre de um país obsoleto o país moderno que não tínhamos como ser. Era o recurso de uma técnica social, como a define Mannheim, de intervenção nos rumos espontâneos do processo histórico.[17] Mas era, também, o recurso de uma utopia de recusa do que éramos para construir o que gostaríamos de ter sido. A sociologia, portanto, proposta como sociologia aplicada e instrumento de mudança social.

Mesmo nas circunstâncias atuais, completamente diversas das do primeiro meio século XX, nosso ensino de sociologia se move na incerteza dessa polarização, uma sociologia da recusa muito mais do que uma sociologia da interpretação. Uma sociologia mais para justificar o que não queremos ser do que para compreender o que acabamos sendo e o que podemos ser e não somos. Uma sociologia de "oposição" e de ensaísmo, mais do que uma sociologia de investigação, de pesquisa de campo e de explicação, entre si articulados.

Hoje, estamos em um cenário oposto ao do cenário inicial da sociologia no Brasil. Com exceções que todos conhecemos, boa

---

17 Mannheim, *Diagnóstico de nuestro tiempo*, op. cit., p.9-19.

parte dos nossos cursos de graduação não trata das questões sociais emergentes nem prepara os alunos para compreendê-las, enfrentá-las e propor-lhes solução. Um conjunto extenso de transformações sociais, no plano miúdo das condições de vida e dos processos sociais que vem se multiplicando, pede uma sociologia menos pretensiosa quanto a dar rumos ao processo histórico e mais empenhada em apontar os problemas decorrentes do contínuo rearranjo das relações sociais. O estado de anomia muda de perfil, mas é constante. E a sociedade quer saber como superá-lo. Superá-lo significa oferecer ao homem comum os meios de compreendê-lo. A sociologia não nasceu para aureolar a cabeça de sociólogos pretensiosos. Nasceu em um momento em que a sociedade precisava compreender-se em perspectiva científica, diversa da perspectiva tradicional.

A sociologia brasileira nasceu para enfrentar desafios dessa ordem, os desafios sociais do advento problemático da sociedade moderna no país e a gestação do que veio a ser aqui a pós-modernidade antes da plena realização do moderno. Uma sociologia na origem e na proposta inicial já vacinada contra a usurpação ideológica: no recrutamento, na Europa, dos docentes que fundariam a USP, o professor da Escola Politécnica de São Paulo encarregado pelo governo paulista de fazê-lo, Teodoro Ramos, um matemático, membro da Igreja Positivista do Brasil, levava instruções precisas de evitar, para as ciências humanas, a contratação de católicos, de clericais. Na França, onde iniciou o recrutamento, foi orientado por Georges Dumas, médico e psicólogo, protestante, amigo de Júlio de Mesquita Filho, que em diferentes ocasiões fizera conferências no Brasil e era aqui muito respeitado nas instituições de ensino superior.

Sociologia do desconhecimento

Essa opção tinha sentido à luz do positivismo que dera fundamentos doutrinários à jovem República.[18] Anunciado o nascimento da Universidade de São Paulo, a Igreja Católica já se movimentava no sentido de se apossar, por meio dela, do ideário das novas gerações, que por ela passariam. Os fundadores da USP queriam uma Universidade republicana e pública, democrática, laica e gratuita, inspirada nos valores do positivismo: ciência é ciência, o resto é o resto; o que vinha para dentro e o que ficava de fora do conhecimento propriamente científico. Os dois primeiros e sucessivos professores de Sociologia da USP, Claude Lévi-Strauss e Roger Bastide, eram, respectivamente, judeu e protestante. O sucessor de Bastide, Florestan Fernandes, era materialista.

Nesse sentido, a sociologia na Universidade, nessa fase, estava referida a uma sociologia teórica densa e orgânica, que foi aqui, sobretudo, a sociologia durkheimiana. Uma sociologia para identificar e corrigir a anomia do atraso social através da educação dos imaturos das novas gerações. Uma interferência corretora na função socializadora da família e das instituições que tinham o controle social da formação de crianças e adolescentes.

A sociologia criava um problema social, o do abismo que abria ou aprofundava entre as gerações, como abismo cultural, como abismo de identidade, visão de mundo, como abismo de destino entre os pais e avós, de um lado, e os filhos, de outro. De certo modo, era isso que já pretendia a educação republicana que nos vinha desde o final do século XIX, as escolas normais, de formação de professores primários, como precursoras

18 Martins, Penúltimas palavras, *Revista Brasileira de Ciências Sociais*, v.29, p.195-210.

da mudança social dirigida. Era o ímpeto de construção de uma sociedade liberta dos valores arcaicos da dominação patrimonial e escravista, da religiosidade ultramontana, do patriarcalismo obsoleto, do imobilismo conformista.

Não é casual que a Faculdade de Filosofia da USP recrutasse, como alunos, até mesmo através do comissionamento, os professores primários distribuídos pelo interior que, uma vez formados, se tornariam docentes das escolas secundárias. Não é casual, também, que nas escolas primárias houvesse um número grande de mulheres que, no acesso à Universidade, seriam não só docentes qualificadas do ensino secundário, mas também as primeiras cientistas de vários campos do conhecimento, especialmente nas ciências humanas.

2

O modelo se difundiu pelo Brasil porque era, também, o modelo de educação, de inspiração positivista, almejado pelos educadores no marco de nosso republicanismo da ordem e do progresso, como mencionei. A sociologia se propôs entre nós como instrumento de um projeto de nação. Sua relevância tornou-se dependente da permanência desse projeto. Sua crise, que vem até nós e é a crise de nossa atualidade indecisa, tornou-se expressão do declínio da concepção de nação e de seu lugar na identidade dos brasileiros, as novas gerações sem essa referência na definição do que são e do que querem.

Por tudo isso, enfatizo aqui que os cursos de Ciências Sociais nascem entre nós com orientações teóricas informadas por um diálogo com o público que recrutava, o dos agentes privilegiados de um projeto de sociedade pós-escravista de cida-

Sociologia do desconhecimento

dãos. Especialmente a sociologia como ciência de um presente com futuro, do possível, da sociedade que tínhamos condições de ser, mas tolhida pelos muitos mecanismos políticos e sociais de reafirmação do passado, politicamente ativo nas classes dominantes e nos grupos de interesse que até hoje pensam a atualidade com as categorias do Brasil arcaico.

Mas também nas tradições populares. A eficácia da versão educacional do projeto deveu-se a que os destinatários do curso, os alunos, com ele se identificavam. Os que eram ligados à educação primária não só conheciam a dificuldade para disseminar os valores da educação formal em um meio tradicionalista e conservador que, não raro, considerava a escola inútil e até adversária, pois afastava do trabalho "antes do tempo", tanto na lavoura quanto em casa, ou na fábrica, as crianças que frequentemente começavam a trabalhar com 9, 10 anos de idade.

Quando realizei minha primeira pesquisa rural, em 1965, ainda encontrei em remotas regiões do estado de São Paulo pessoas que haviam frequentado escola de roça nos anos 1930-40 e que se desalfabetizaram quando adultas. Não sabiam ler nem escrever e se justificavam com um "malemá sei assiná o nome". Isso lhes era suficiente.[19] Basta percorrer os censos demográficos até 1980 para ver quantas crianças com idade inferior a 14 anos, então definida pela lei para ingresso no mercado de trabalho, já estavam trabalhando. Até mesmo no trabalho gratuito da enxada na roça dos próprios pais. Estudar era irrelevante em um país em que o sentido de honra das pessoas estava no trabalho, sobretudo no trabalho precoce.

---

19 Martins, A valorização da escola e do trabalho no meio rural. In: *Capitalismo e tradicionalismo*, op. cit., p.83-102.

É verdade que a sociologia não ficou prisioneira dos limites da concepção durkheimiana de ciência social. Tanto na USP quanto em outras universidades, o campo da reflexão teórica alargou-se, seja em busca própria, seja pela importação ou cópia do que se fazia em universidades de outros países. Não raro, pelo transplante de orientações e campos de pesquisa relativamente estranhos às demandas de conhecimento da sociedade brasileira.

Aqui e ali, o Brasil passou a ser visto como uma Paris de tamanho grande ou uma América deformada, que muitas vezes eram modelos de conhecimento tópico generalizados como universais, como se nas ciências sociais o Brasil fosse um território de ciências atrasadas e precisássemos de uma atualização parisiense, berlinense ou novaiorquina.

Apesar das conhecidas exceções, acabamos recolonizando o Brasil, vendo-o através de uma perspectiva alheia, sem a atualização do confronto crítico com a realidade local e o conhecimento sociológico acumulado que dela temos. Proporcionalmente, pouco interesse pelos temas próprios das singularidades da sociedade brasileira, justamente aqueles que abririam caminhos inovadores para nossa sociologia, na perspectiva de um conhecimento verdadeiramente crítico e comparativo. No geral, vamos nos perdendo no mundo da cultura da cópia e da imitação. Cada vez mais os novos sociólogos e os aprendizes de sociólogo conformam-se em aplicar à nossa realidade social sistemas conceituais referidos a realidades completamente diferentes dela.

Ainda hoje não levamos em conta que um autor como Florestan Fernandes já produzia uma densa sociologia teórica, como a de *Fundamentos empíricos da explicação sociológica* e a dos

Ensaios de sociologia geral e aplicada, quando em alguns países europeus a sociologia estava apenas dando os primeiros passos. Em pelo menos duas décadas, Florestan Fernandes se antecipou a Anthony Giddens em questões como a do reconhecimento de Karl Marx como sociólogo. Só nos anos 1950 T. H. Marshall fará uma conferência em Cambridge, instando a mais importante universidade do mundo a introduzir em seu currículo a sociologia, quando a obra de Florestan Fernandes já era reconhecida por Robert K. Merton e Talcott Parsons e, na etnologia, por Alfred Métraux. Só depois da Segunda Guerra Mundial é que a sociologia chegou às universidades italianas, espanholas e portuguesas, quando aqui já estava na segunda geração de sociólogos.

Curioso, nesse mundo de metades, a do dominante e a do dominado, eles ainda não descobriram o Brasil, como realidade social que contém indícios significativos de modos de viver, de pensar e de interpretar diferentes e outros: eles não nos leem; somos nós que os lemos. E é na metade de cá que estão as revelações do humano e da sociabilidade invertida que não se vê na metade de lá. Nós conversamos com eles e eles não conversam conosco, o que tem resultado na disseminação, aqui, de uma sociologia que tende a que nos vejamos como aquilo que não somos.

Aqui a sociologia se difundiu praticamente vinculada à antropologia e de vários modos à história e à psicologia. Claude Lévi-Strauss, que foi o primeiro professor de sociologia na USP, era formado em filosofia, orientado para a antropologia. As primeiras teses de Florestan Fernandes foram desenvolvidas no campo da antropologia, e de vários modos a antropologia está presente em alguns de seus trabalhos mais importantes. O primeiro curso de Roger Bastide na USP, em 1940, de quem Florestan seria o grande discípulo, foi um curso sobre sociologia e psicanálise.[20] É que nossos questionamentos sociológicos são ineficazes se não levamos em conta a diversidade social e cultural da imensa maioria do povo brasileiro.

Do mesmo modo, ineficazes se não considerarmos que a realidade brasileira se distribui por momentos sedimentados do processo histórico. Ainda há regiões do Brasil em que as populações pensam e agem nos quadros mentais do período colonial e falam uma língua, que é instrumento de consciência, impregnada de palavras do português arcaico e da língua geral. Com as migrações, isso ocorre mesmo nas grandes cidades, como Rio e São Paulo.

A interlocução investigativa do sociólogo depende do conhecimento dos códigos embutidos nessa diversidade e inscritos no senso comum. Sem isso, tanto ensinar como pesquisar claudica no diálogo mutilado do pesquisador com os informantes e sujeitos da informação primária da análise sociológica, em que cada lado fala uma linguagem que o outro não compreende. Não pode o sociólogo, portanto, interpretar o que compreende unilateralmente. Nesse sentido, o curso de introdução à sociologia deveria ser, antes de tudo, uma técnica de ressocialização dos novos estudantes, venham de que condição social vierem.

Nos últimos cerca de vinte anos, nossos cursos de ciências sociais, especialmente os de sociologia, desgarraram-se desses elos que davam sentido ao ensino da disciplina. A vacina contraideológica das origens está vencida e a vacinação não

---

20 Bastide, *Sociologia e psicanálise*.

Sociologia do desconhecimento

foi renovada. São hoje cursos cujo desenho é um painel pós-moderno de diversidades que atendem antes as conveniências pessoais dos docentes, cada vez mais distantes de uma concepção articulada do que é o Brasil de que a sociologia poderia ser autoconsciência científica, como Freyer define a sociologia. Poderia ser ela uma sociologia de desvendamento de nossas peculiaridades sociais e culturais e, nesse desvendamento, o da localização e descoberta da sociedade possível cerceada pelo desconhecimento de seus modos de conhecer.

Um ensino cada vez mais vulnerável ao afã do controle ideológico de partidos e facções partidárias que estão forçando a tutela da consciência das novas gerações de acadêmicos. Se não examinarmos em perspectiva crítica essa desagregação do conhecimento que no desconhecimento cotidiano, tanto em seus benefícios e desafios criativos quanto nas deturpações que introduz no ensino da sociologia e na formação das novas gerações de sociólogos, dificilmente teremos condições de propor atualizações, consolidações, inovações e correções no ensino universitário dessa disciplina.

Um primeiro passo para enfrentar essa questão, penso, é o de examinar qual é a realidade eventualmente motivadora dos jovens que possam se sentir atraídos pelos cursos de ciências sociais. A maioria busca uma alternativa profissional, o que frustra em cursos marcados pela reflexão diletante e, não raro, alienada de pensar o Brasil como uma sociedade que, no fundo, não é aquela em que o aluno vive e aquela que conhece nem propriamente aquela na qual vai se integrar quando concluir o curso. Penso que muito do divórcio crescente entre o que se ensina e o que os estudantes buscam e conseguem compreender é o que responde por uma relação tensa do estudante com a universidade.

Em uma sociedade em crise, cada vez mais marcada por situações de anomia e de desagregação, cada vez mais fragmentária e, portanto, destituída da referência social e histórica que lhe dê sentido, é incompreensível que haja tão pouco interesse dos docentes pela sociologia dos problemas sociais ou pela sociologia da vida cotidiana, a da educação, a do trabalho, a das relações raciais, a do mundo rural, pela sociologia da sociedade da incerteza, do fragmentário, do fingimento, da mentira. Enfim, também, das técnicas sociais de manipulação do invisível que cada vez mais a governa. Optamos por uma sociologia distanciada da circunstância cada vez mais envolvente de alunos e professores. O real e seu imaginário fundamentado vêm perdendo terreno para o fantasioso desconectado dos fundamentos significativos da vida em sociedade.

Em termos mais tradicionais, na Faculdade de Filosofia da Universidade de São Paulo, há anos já não existem cursos de sociologia rural e em muitas escolas o que há são os cursos orientados pelo pressuposto da cumplicidade com grupos ideológicos, quando deveriam ser cursos que iluminassem criticamente, para os que no campo lutam por transformações sociais, as dificuldades e contradições que se erguem para que as mudanças sejam concretizadas. E concretizadas tanto no sentido de incluir socialmente e de emancipar tanto o sociólogo que atua quanto a sociedade prenhe de possibilidades de mudança. Uma sociologia da práxis, que seja crítica, como deve ser, e não cúmplice porque cúmplice acaba sendo do abatimento dessas demandas.

O curso de graduação em ciências sociais tem sido ameaçado de cooptação por grupos partidários e ideológicos, ou mesmo religiosos, que afastam a sociologia da condição de

Sociologia do desconhecimento

ciência que desvenda e explica as disfunções, irracionalidades e contradições sociais. Para que se torne conhecimento que omite, distorce e justifica aspectos da realidade que não coincidem com o que legitima seu afã de poder e mando. Grupos que questionam o que é próprio do real, como na pressuposição de que a realidade "está errada" e de que o sociólogo tem o dever de "consertá-la", mais do que o dever de compreendê-la cientificamente naquilo que é e de explicá-la em termos sociológicos. Mudá-la se situa em outro âmbito da realidade e são outros os seus sujeitos.

Nesta minha reflexão, não posso, pois, deixar de levar em conta o que era o curso de Ciências Sociais na Faculdade de Filosofia, Ciências e Letras da Universidade de São Paulo quando dele fui aluno há mais de meio século, entre 1961 e 1964. Porque foi um período de inflexão na orientação da sociologia, na passagem das preocupações com a resistência à mudança para as preocupações com as transformações sociais, especialmente com o desenvolvimento social.

Hoje deveria ser a busca e interpretação das causas do descompasso entre o crescimento econômico, medido em índices cotidianos crescentes de riqueza cada vez mais concentrada, e o desenvolvimento social cada vez mais insuficiente, o desemprego e o subemprego astronômicos, a precariedade da moradia, a educação e a cultura aquém dos índices possíveis e necessários.

No ensino de sociologia, o ponto de partida era o de que é ela uma ciência, que difere radicalmente do conhecimento de senso comum. Como mencionei, a referência inicial era Émile Durkheim e seu livro *As regras do método sociológico*. As primeiras aulas do curso eram uma espécie de peneira que deixava fora da sala de aula a enorme carga de senso comum que os alunos traziam, até como motivação para fazer o curso. Educados nos cursos Científico e Normal, mais raramente no curso Clássico, os alunos já vinham, no entanto, com decisiva predisposição para compreender as ciências sociais na perspectiva científica. Queriam saber, cientificamente, o que a sociedade era, e não buscar pretextos científicos para dizer o que não era. A oposição metodológica ao senso comum era quase um procedimento ritual para confirmar o caráter científico da sociologia.

A concepção de senso comum, em Durkheim, não se refere, como *As regras do método sociológico* eventualmente podem sugerir, a uma realidade estática, porque expressa uma perspectiva coisificadora. Mas a uma realidade social dinâmica, como a seu modo é também concebida por Marx. Para ele, o senso comum, embora a isso não se reduza, está no modo como os homens se apropriam linguisticamente das coisas, como elas são para eles na experiência prática.[21] Isto é, como eles as interpretam. A referência da investigação sociológica não é a do objeto puro, mas a do objeto interpretado pelo sujeito, interpretação constitutiva do objeto.

Em Weber, o tema tem outras implicações: "'a experiência vivida', tornando-se 'objeto' sempre se enriquece de perspectivas e de relações de que justamente não temos 'consciência', no momento que a 'vivenciamos'".[22] Não a polarização metodológica de ciência e senso comum, mas o senso comum como um momento do caráter social da ação. A compreensão sociológica diz respeito a ações reciprocamente referidas

---

21 Carver, *Karl Marx: Texts on Method*, op. cit., p.191.
22 Weber, *Essais sur la Théorie de la Science*, op. cit., p.310.

Sociologia do desconhecimento

entre sujeitos da mesma situação social.[23] Ainda que o senso comum, o sentido compartilhado, tenha decisiva eficácia nos processos interativos, as significações têm dimensão histórica, e ao mesmo tempo há tipos de ação residuais dessa dimensão que constituem aquilo que é propriamente a vida cotidiana. É o senso comum definido por essa tradição que constitui o objeto da sociologia do conhecimento dos fenomenologistas.

Na primeira metade dos anos 1960 ainda se podia contar, na sala de aula, com a "calma" cientificidade dessas orientações metodológicas. Com Florestan Fernandes, admitia-se que a opção que o pesquisador pudesse fazer em relação a cada uma delas dependia do tema e do objeto de determinada pesquisa, mas o método "precisa ser utilizado em condições que são variáveis, de acordo com os sistemas possíveis de seleção, comprovação e elaboração interpretativa das inferências indutivas e dedutivas".[24] Desde então o quadro mudou e a questão do método passou a depender, cada vez mais, dos dilemas existenciais do estudioso e do estudante e dos embates ideológicos que os cerceiam e constrangem.

A escolha do método depende menos das exigências explicativas de determinado tipo de problema sociológico de investigação. Tudo começou a mudar com o movimento estudantil de 1967 e 1968. No que se refere à crise de gerações e ao papel dominante que passou a ter na vida acadêmica, um bom docu-

---

23 Id., *Economia y sociedad:* Esbozo de sociología comprensiva, p.5-6.

24 Fernandes, *Fundamentos empíricos da explicação sociológica,* op. cit., p.XIV. Considerações imprescindíveis para a compreensão desse momento e dessa orientação são as de Fernando Henrique Cardoso nos prefácios à segunda e à quinta edição de seu livro referencial *Capitalismo e escravidão no Brasil meridional,* p.9-24.

mento dos dilemas envolvidos na reorientação das motivações dos estudantes e das próprias circunstâncias sociais e históricas da mudança é a peça teatral de Consuelo de Castro, *À prova de fogo*.[25] É um texto inspirado na ocupação estudantil do Prédio da Faculdade de Filosofia, de que ela participou, ocupação que testemunhei e acompanhei no início de minha carreira docente. A autora era aluna do Curso de Ciências Sociais da Faculdade de Filosofia, Ciências e Letras da USP. Pretendia ser antropóloga como Gioconda Mussolini, que fora aluna de Lévi-Strauss, e Ruth Cardoso, que fora aluna de Roger Bastide. Mas já estávamos sob a ditadura militar que, em poucos meses, apoiada no Ato Institucional n.º 5, de 13 de dezembro de 1968, cassaria vários dos mais emblemáticos professores da escola e dela os excluiria.

A ditadura também estava refuncionalizando o ensino primário, secundário e médio na perspectiva produtivista da economia e da educação de resultados imediatos, mais informação do que socialização. Os cursos da Faculdade de Filosofia perdiam o sentido original, republicano e emancipador, porque perdiam o liame com a educação e com o projeto de nação de que ela era componente essencial.

A própria Consuelo de Castro, nesse momento, opta pelo teatro. Sua peça toma como referência os dias de medo, incerteza e fantasia da ocupação do prédio da faculdade, na Rua Maria Antônia. A nação do amanhã desaparece de seu horizonte narrativo porque desaparecera, também, do horizonte vivencial dos ocupantes da escola.

---

25 Castro, *À prova de fogo*.

Sociologia do desconhecimento

A mudança desvendava as transformações sociais que ocorriam e que se revelavam no abismo que separava as gerações. A circunstância social e política se desvanece. A ruptura da nova geração com a sociedade se propõe no lugar da própria sociedade. Uma solidão geracional se evidencia como autora do presente e autora do futuro, o de uma sociedade sem raízes, sem determinações, sem valores ou de valores fugazes na instauração do poder do instante.

A faculdade do projeto republicano e democrático, voltada para revolucionar a sociedade brasileira e libertá-la de seus arcaísmos por meio da educação, resume-se agora aos alunos, que se voltam para si mesmos, seres da sociedade destemporalizada, que desdenha o passado, hipostasia o presente e simplifica o futuro. Deixa de ser uma escola para formar professores para os outros e torna-se uma escola de alunos centrados em si mesmos, em suas paixões. A peça de Consuelo de Castro narra o processo de esvaziamento e o vazio resultante, a drenagem do destino das novas gerações.

A ditadura, ao perseguir e encarcerar alunos, ao interrogar, processar, condenar, prender e cassar professores, dessacralizou o magistério, desmoralizou a relevância da escolarização, especialmente a superior, desqualificou a universidade e decretou a insignificância de ensinar e aprender. Poucos anos depois, ainda no clima da cultura ditatorial, um candidato ao vestibular, filho único de professores universitários politizados, ao suicidar-se, deixou um bilhete emblemático, que sintetiza a tragédia de uma ditadura alucinada e irresponsável e, também, a falta de clareza e de rumos de uma esquerda voluntarista: "Vocês não nos deixaram nenhuma esperança".

É compreensível que nesse cenário os professores tenham se tornado irrelevantes aos olhos dos alunos. Mais compreensível ainda é que a sociologia tenha perdido terreno para a ideologia, o fragmentário: a sociologia é uma ciência da totalidade social ou a ciência do que tem sentido e destino, não é a ciência do eu, e sim a ciência do outro e da alteridade e, nessa perspectiva, do nós.[26]

Aos olhos míopes da pequena burguesia estudantil é a ciência perigosamente inútil que desmascara as fantasias do ego consumista de coisas e de vidas para revelar a alienação que lhes dá sentido, as ocultações que escamoteiam mentiras, enganos propositais, autoenganos, a irrelevância do futuro e da história. Irrealidades que perturbam a única realidade sociológica reconhecível, porque vivencial, que é a do presente, tangível, que se desvanece ao ser tocada, a sociedade do instante. Não é estranho que a sociologia pós-moderna, antimarxiana, como a de Maffesoli, recorra ao aparente da história para o ceticismo de conceber a sociedade como realidade privada de historicidade e reduzida ao meramente agora.[27]

O que a teatróloga de vocação antropológica podia ver, na perspectiva da arte, no fragmento daqueles dias loucos, a sociologia desvendaria a seu modo, com o método da ciência. Na obra admirável de autores que estavam lá naquelas mesmas horas, como Marialice Mencarini Foracchi e Octavio Ianni, as-

---

26 "[…] como Georg Lukács, não vemos nessa totalidade alguma coisa de já existente e de dado, mas somente um fim a ser atingido pela ação, única coisa capaz de criar a comunidade humana, o *nós*, e o conjunto do universo, o *cosmos*." Goldmann, *Origem da dialética*, p.41-2. Cf., também, id., *Las ciencias humanas y la filosofía*, op. cit., p.92-3.

27 Maffesoli, op. cit., p.16-29.

Sociologia do desconhecimento

sistentes de Florestan Fernandes, que também se inspiraram nas rupturas e incertezas daquele momento para interpretar sociologicamente a crise de gerações. Com a diferença de que a sociologia, nas pesquisas que fizeram e nas obras que sobre o tema escreveram esses dois autores, antecipou-se em vários anos ao desfecho político que teria na emblemática ocupação da Faculdade de Filosofia da USP. A forma final assumida da crise, com a ocupação do prédio da Rua Maria Antônia, era, em boa parte, imitação do que acontecera em Paris. Ação política desprovida de autenticidade, revelava o desnorteio da classe média, privada de objeto próprio e consequente.

A agitação começara no ano anterior, em 1967, quando se pôs o problema dos candidatos excedentes no exame vestibular: para números fixos de vagas em cada curso, elas eram preenchidas por ordem de classificação por nota média. Podia acontecer, e aconteceu, de um aluno ter uma nota relativamente alta, acima da nota mínima de sete, e não conseguir a vaga porque as vagas haviam sido preenchidas pelos que, em relação a ele, tiveram melhor desempenho. Os candidatos nessa situação foram definidos, pelo movimento estudantil, como "excedentes", porque se consideravam aprovados, mas não classificados. O que seria considerado indício de discriminação de classe social. Para ingressar na USP não bastava ser competente, era o que entendiam, dando início à cultura política de contestação da universidade em nome da luta de classes. Sem levar em conta que as verdadeiras universidades, em todo o mundo, recrutam alunos pelo critério de maior competência.

A faculdade criou turmas adicionais para absorver os excedentes. Mas o movimento era insaciável: ainda que atendido, novas reivindicações eram agregadas à lista, de modo a protelar a mobilização estudantil. Florestan Fernandes, catedrático de sociologia como substituto de Roger Bastide, que voltara à França, foi designado pela congregação para falar com os estudantes, pois defendia uma reforma universitária no quadro das chamadas "reformas de base". Na conversa, expôs o que era uma irracionalidade no comportamento político dos estudantes: "Depois de rememorar as posições de vanguarda assumidas pela Faculdade de Filosofia, o professor Florestan Fernandes não pode conter sua crítica: 'Vocês forçaram a mão contra a única faculdade que não merecia esse tratamento'".[28]

O reflexo da ruptura se deu na sala de aula, já no curso de Introdução à Sociologia para os excedentes. O desempenho desses alunos ficou sensivelmente abaixo da média dos alunos regulares de anos anteriores. Fui professor de uma dessas turmas e pude compará-la com as turmas para as quais dera aula em anos prévios. Resistiam à bibliografia em língua estrangeira, inglês, francês, espanhol, embora inglês ou francês fossem línguas obrigatórias no exame vestibular. Isso é compreensível, sobretudo em uma época em que havia pouca literatura de ciências sociais traduzida em português. Racionalizavam com argumentos pseudonacionalistas e patrióticos. Reclamavam das provas. Puxavam o curso para baixo, para padrões mínimos de desempenho, como sendo os politicamente corretos.

---

28 A Filosofia da USP aceita os excedentes, *O Estado de S. Paulo*, 28 abr. 1967, p.12. O movimento estudantil era liderado pelo mineiro José Dirceu de Oliveira e Silva, aluno do curso de Direito da PUC de São Paulo, que não tinha, portanto, nenhuma ligação com a Faculdade de Filosofia da USP.

Sociologia do desconhecimento

Foi ficando evidente que muitos desses alunos queriam apenas o diploma, não a formação. A procura pelo curso de ciências sociais foi absorvida pela procura de status social, não importa a que preço. O interesse por temas sociológicos declinou. Muitos nem sabiam por que haviam optado pelo curso, um problema que se eternizou. Ficou cada vez mais difícil tratar dos temas clássicos da sociologia, alguns explicitamente impugnados na própria sala de aula. Recentemente, em 2015, um professor de antropologia, da Faculdade de Filosofia da USP, foi denunciado por alunos como racista por ter incluído na bibliografia de seu curso de pós-graduação um clássico de Gilberto Freyre, *Casa-grande & senzala*. Entraram com processo pedindo seu afastamento.

Bem antes dos acontecimentos de 1968, Foracchi já vinha realizando pesquisas para a compreensão sociológica do processo social que desembocaria na crise estudantil que emergia naquele momento. Refiro-me ao tema da valorização do trabalho nas famílias de imigrantes e descendentes de imigrantes como núcleo de um éthos que, apesar das diferenças ocupacionais entre as gerações, mantinha as famílias unidas pela convergência da visão de mundo: "O jovem é socializado como uma unidade produtiva e o trabalho, um valor inserido na prática cotidiana".[29]

A pesquisa mais ampla que realizou sobre os estudantes universitários, pouco antes da irrupção juvenil de 1968, mostrou que, não obstante a crescente importância da opção de esquerda no meio estudantil, o que movia sua ação política

---

29 Foracchi, A valorização do trabalho na ascensão social dos imigrantes, *Revista do Museu Paulista*, v.XIV, 1963, p.318.

eram as aspirações de classe média, em especial a da ascensão social. Nem por isso a família deixa de conter elementos de ruptura, que afastam a geração dos filhos da geração de seus pais, o que cria uma situação social de incerteza e busca para os jovens. Ou, como definiu Mannheim: "Na linguagem da sociologia, ser jovem equivale a ser um homem marginal, de vários modos um estranho".[30] Ou seja, a marginalidade de determinado grupo ou categoria social como situação sociologicamente metodológica, *ad hoc*.

A personagem mais radical da peça de Consuelo de Castro, ao fazer a crítica dos dilemas de muitos estudantes rebelados, sintetizou essa dificuldade das novas gerações, registrada nos próprios dias da revolta, no saguão da escola: "A pequeno-burguesia tem que se estourar [...]. Tem que se entubar! [...] Eta classe besta, meu Deus! Não tem refinamento para ser alta burguesia, nem sofrimento para ser proletariado".[31]

Um duplo pertencimento, à família pelos vínculos de dependência e a grupos extrafamiliares pela identificação,[32] sugere a importância de uma postura propriamente sociológica dos docentes de sociologia contraposta objetivamente à peculiar indefinição de classe social dos estudantes. Um meio de definir sociologicamente o conteúdo do curso a partir das orientações cambiantes dos interlocutores que, na sala de aula, são agentes de dilemas e interrogações.

---

30 Mannheim, El problema de la juventud en la sociedad moderna. In: *Diagnóstico de nuestro tiempo*, op. cit., p.44.

31 Castro, op. cit., p.106.

32 Foracchi, *O estudante e a transformação da sociedade brasileira*, p.118.

Sociologia do desconhecimento

A radicalização ideológica não expressa uma consistente situação de classe, a das demandas radicais, o que se evidencia na pluralidade crescente de sujeitos dos pleitos dos movimentos estudantis. No mais das vezes, sujeitos imaginários em relação àquilo que o estudante efetivamente é, não sendo: como revolucionário impotente cujo radicalismo verbal e gestual não vai à raiz das contradições sociais, como classe operária que não é porque categoria social consumidora e improdutiva, como raça indefinida de mestiços de várias raças, e até como gênero genérico.

São ficções resultantes de uma carência de identidade, própria da característica indefinição da classe média. A reivindicação de cotas raciais como ato de reparação pela injustiça da escravidão imposta no passado distante a uma parcela ponderável dos que foram escravos, em proporção mais numerosa em algumas regiões, como a do Nordeste açucareiro e a do Sudeste cafeeiro, não escapa da mesma lógica pequeno-burguesa de busca da ascensão social.

Presenciei, em 2014, no Conselho Universitário da Unesp – Universidade Estadual Paulista, de que era membro, uma universidade de grande expressão, a manifestação de três jovens, que não eram alunos, falando em nome do movimento de reivindicação de cotas nas universidades públicas, organizado e liderado por um frade franciscano, negro mestiço bem claro. Os três manifestantes falavam a convite da universidade. Os três, também muito claros, tão claros como a maioria dos membros daquele conselho. O que não quer dizer que não tivessem ascendência negra. Apenas um deles apresentava sinais fenotípicos evidentes de que tinha um ancestral negro. Detalhe significativo sobre identidades postiças, à luz do que revela Oracy Nogueira, em estudo clássico sobre raças, de que nos Estados Unidos o preconceito é de origem, enquanto no Brasil é de marca.[33]

Lá, são negros todos os que têm ancestral negro, mesmo os que pela mestiçagem se tornam brancos, ou quase. Muitas vezes, negros que não querem sê-lo. Aqui, são negros os que apresentam evidências epidérmicas da negritude. Na verdade, brancos que não querem sê-lo, porque a branquitude aqui é excludente, seletiva. Branca é a cor da injustiça social. Não vitima só o negro e o pardo. Vitima também o branco que se torna negro nas desqualificações sociais incolores, mas degradantes, no tratamento que recebe.

Expuseram suas razões. Alguns professores mencionaram cursos da universidade cujas vagas já podiam ser ocupadas pelos reivindicantes, especialmente na área de humanas, em particular no curso de Pedagogia. A reação foi imediata: "Nós não queremos esses cursos. Queremos vagas nos cursos de profissões que dão grana – medicina, engenharia, direito!".

No mesmo dia, uma matéria de destaque da *Folha de S. Paulo* mencionava que mecânicos ganhavam mais do que médicos por hora de trabalho. A Unesp adotou o regime de cotas raciais com o não tão surpreendente resultado de que os que alegaram afrodescendência, e haviam optado pelos cursos de maior prestígio e de maior demanda, obtiveram notas tão altas que teriam sido aprovados mesmo no regime normal de ingresso na universidade.

---

33 Nogueira, Preconceito racial de marca e preconceito racial de origem: sugestão de um quadro de referência para a interpretação do material sobre relações raciais no Brasil, *Revista Anhembi*, p.287-308.

Sociologia do desconhecimento

Em boa parte, reivindicação de uma geração que não está disposta a esperar mais tempo para lograr os êxitos que outros grupos sociais, não necessariamente raciais, já lograram. Como no caso dos imigrantes, substitutos de escravos nos cafezais paulistas, a trabalhar duro no eito, que esperariam ao menos três gerações para ver netos ou bisnetos ingressando na escola média e mesmo na universidade.

A diferença entre os que carregam o fardo da escravidão negra, abolida pelos senhores de escravos que, assim, dela se libertaram em 1888, e o fardo da escravidão indígena, abolida formalmente, mas não de fato, em 1755, está menos na cor da epiderme e muito mais nos débitos da escolarização que a sociedade brasileira lhes negou por longo tempo. Como negou a muitos brancos, para que precocemente entregassem os corpos de seus filhos, como o deles próprios, à disciplina da linha de produção. As ações afirmativas, certamente, podem ter um efeito corretivo nas lesões sociais que alcançaram todos os que, de diferentes origens, se tornaram retardatários da história mas que podem, finalmente, se disponibilizar para o recrutamento pela universidade, cuja tarefa não é a da caridade, mas a da disputa pela inteligência dos que nela deveriam estar e não estão. Essa é a questão, não a da raça.

3

As carências da juventude são hoje o cerne do novo senso comum dos comensais de agora do banquete universitário. Deveriam ser a referência para redefinir e reordenar a tematização do ensino da sociologia no curso de graduação. Não mais apenas a certeza durkheimiana sobre a ciência, mas a incerteza estudantil sobre a sociedade. O movimento estudantil que protagoniza cada vez mais as dificuldades do diálogo entre o professor e o aluno no curso de ciências sociais não é, em si mesmo, expressão do que a sociedade é, precisa e busca. É indício alienado da crise social e, portanto, matéria-prima de conhecimento sociológico que expõe tanto as ocultações da realidade quanto um modo de ocultar. A alienação deixou de ser um modo passivo de autoenganar-se para se tornar um modo ativo de concretizar o autoengano, uma construção social alienadamente consciente. O ensino da sociologia depende hoje da procura do outro na sala de aula, o nós relativo de uma busca sociológica de totalidade e sentido no amontoado de fragmentos e instantes da modernidade, na perdição de nosso tempo.

Ensinar sociologia à geração perdida no cenário turvo do tempo que sucedeu o dos conflitos da Guerra Fria pode ser o meio de uma busca recíproca, mais parecida com a da chamada pesquisa-ação, do aprendiz ativo, do que a do ensino-aprendizado, do aprendiz passivo. A alienação que, nos meus tempos de estudante, vinha tematizada no fim do curso de Introdução à Sociologia, ficaria melhor situada se nos dias de hoje viesse logo no começo, porque no fim das contas tudo está ao revés. Eu mostraria aos alunos, documentadamente, sobretudo com as cartas que escreveu, que Karl Marx era um alienado[34] e lhes indicaria os textos, como *O capital*, em que ele mesmo demonstra que a alienação é uma condição da dinâmica da sociedade contemporânea. Por isso, a sociologia é a ciência do desvenda-

---

34 Martins, As cartas de Marx. In: Galvão; Gotlib, *Prezado senhor, prezada senhora:* Estudos sobre cartas, p.313-9.

Sociologia do desconhecimento

mento dos enganos que tornam a vida social ao mesmo tempo possível e suportável.

Ianni, no citado estudo seminal sobre "O jovem radical",[35] destaca a diversidade de experiências sociais e humanas no interior de uma família italiana de mesma categoria social, que migra da Lucca pobre para a Milão industrial. A crise de gerações vista em outra perspectiva. Aludindo a *Rocco e seus irmãos*, filme de Luchino Visconti, de 1960, destaca o quanto as experiências individuais e pessoais no interior de uma mesma família diversificam a práxis e geram modalidades radicalmente diferençadas de consciência social. Desde a mais enraizada e consequente, que é a de Ciro, o operário, até o mais jovem, Simone, boxeador, o mais desenraizado, no limite da marginalidade. No fundo, a família vive o cotidiano da decomposição decorrente da distribuição dos diferentes filhos por diferentes situações de classe. Cada um deles expressa uma consciência social que só tem sentido no marco da respectiva vivência social, no marco da práxis. Uma situação que, no geral, nossos alunos estão vivendo, o processo de distanciamento em relação a pais e avós e até mesmo em relação a irmãos e primos.

Tanto Foracchi quanto Ianni, no fundo, enxergam e decifram os limites que a classe média impõe à consciência revolucionária juvenil. Desprovida, porém, dos fundamentos da classe social cuja práxis é potencialmente reveladora das possibilidades de transformações sociais radicais, a classe operária. Se a narrativa da teatróloga Consuelo de Castro revela a intensidade do existencial e do abismo que separa gerações, na busca infrutífera de uma saída na sociedade sem saídas e

---

35 Ianni, O jovem radical, op. cit.

sem lugar para o inconformismo, a análise dos sociólogos que trataram dos mesmos fatos e da mesma circunstância situa a importância do travejamento social e da estrutura social para a compreensão das mudanças. Mostra que a sociedade capitalista e de classes é uma sociedade de limites e limitações, mas é também a sociedade marcada por fraturas pelas quais escorre o imaginário das utopias.

Nesse momento, há uma transição na concepção do que deveria ser ensinado no curso de sociologia. A crise de gerações e os acontecimentos da Faculdade de Filosofia mostraram a importância de alargar a temática abordada na disciplina introdutória. Até então, era adotado um excelente manual de leituras, organizado por Fernando Henrique Cardoso e Octavio Ianni, *Homem e sociedade*. Justamente a crise estudantil de 1968 sugeriu um manual complementar e de transição, *Sociologia e sociedade*, organizado por Marialice Mencarini Foracchi e por mim. Um manual aberto à sociologia fenomenológica e à dialética de Marx, tendo em conta os dois princípios dominantes na tradição sociológica, o da identidade e o da contradição.[36]

Isso nos dava condições de dialogar sociologicamente, na sala de aula, com o radicalismo dos jovens alunos, que cresceu nos anos 1970, os anos de mais dura repressão do regime e anos da prisão, do desaparecimento e assassinato de vários alunos (aliás, alunas) da Faculdade de Filosofia (na maioria, do curso de Psicologia e não do curso de Ciências Sociais).

Era um modo de pô-los em confronto com o poder de reiteração dos processos sociais e, ao mesmo tempo, com a perma-

---

36 Cardoso; Ianni, *Homem e sociedade*; Foracchi; Martins, *Sociologia e sociedade*.

Sociologia do desconhecimento

nente crise da coesão social como expressão das contradições constitutivas da sociedade moderna.

O drama narrado na peça de Consuelo de Castro, escrita no início de 1968, antes de todos os trágicos desdobramentos do conflito da Rua Maria Antônia, essencialmente é narrativa da força da reiteração social que ela podia vivenciar como protagonista dos acontecimentos e do radicalismo estudantil. O que ali aconteceu ganhou visibilidade pública nos desdobramentos repressivos da ocupação da escola, com a morte de um estudante secundarista em manifestação na rua e o ataque ao prédio por policiais da repressão, elementos do Exército e estudantes da Universidade Mackenzie, vizinha da frente, com coquetéis molotov.[37] Mas essa visibilidade pública, de natureza política, recobriu e obscureceu a dimensão propriamente sociológica dos acontecimentos, que Consuelo de Castro, ainda que na perspectiva teatral, viu melhor.

Na peça teatral, a sociedade de referência da Faculdade de Filosofia perde a historicidade e a dimensão do tempo histórico para resumir-se ao tempo restrito do cotidiano, do agora, do prazer egoísta do consumidor de tempo, de esperança e de vidas. O sexo se sobrepõe à paixão romântica, as pessoas existem para ser usadas. Um registro etnográfico consistente das grandes mudanças sociais vivenciadas na sociedade em miniatura do recinto fechado pelo ato político da ocupação da Faculdade de Filosofia da USP. Uma sociedade artificial e

---

37 Os detalhes do ataque à Faculdade de Filosofia da USP, na Rua Maria Antônia, contrapartida oportunista do movimento de ocupação da escola, estão documentados em Mathias et al. (orgs.), *Os acontecimentos da Rua Maria Antônia (2 e 3 de outubro de 1968)*.

desconectada das referências estruturais da sociedade de origem dos ocupantes.

A rica estudante Rosa, há quatro anos noiva de Frederico, um jovem também rico, acaba tendo um caso com o estudante Zé de Freitas, cuja liderança estava sendo contestada pelos radicais. Diante da fúria do noivo, ao saber que a noiva já não era virgem, Freitas recorre ao vocabulário marxista para minimizar o ocorrido, na implícita indicação de que, ao perder a virgindade, ela perdera apenas o valor de troca, que justificava o noivado por relações de interesse de duas famílias ricas, justamente um dos questionamentos do movimento estudantil: "Ela não perdeu o valor de uso ainda"[38] – esclarece, no cinismo que expressa a corrosão dos valores e a busca de referências, ainda que postiças, para dar sentido ao que a crua situação sugere, que não é aquele o sentido do que ocorreu.

As pessoas se tornam irrelevantes; a sociedade se torna uma sociedade de indivíduos conectados superficialmente. Um horizonte vazio toma o lugar da sociedade. É o tempo significativo das comissões paritárias, do aluno que ainda não aprendeu e que começa a se tornar senhor do que deve ser ensinado. O poder desse vazio tem se revelado ao longo do tempo. Ainda agora, em 2016, uma das chapas que disputaram a direção da Faculdade de Filosofia da USP apresentou-se com um programa ainda referido às comissões paritárias de 1968 e teve apenas meia dúzia de votos menos do que o necessário para se eleger. O ensino da sociologia vacila e oscila no limbo da sociedade inarticulada, desprovida de um projeto histórico, que muda mas não progride.

---

38 Castro, op. cit., p.109.

Sociologia do desconhecimento

Ao acaso, posso indicar evidências de como as próprias formulações das ciências humanas são reconvertidas em consignas de uma orientação política redutiva, recortada e simplificada. Em 2010, vi e fotografei no topo da escadaria de acesso da Universidade Humboldt, de Berlim, a transcrição da Tese XI das *Teses sobre Feuerbach*, de Marx, um texto de 1845, quando o autor ainda estava longe das análises propriamente sociológicas que o definiriam não só como filósofo, mas sobretudo como sociólogo: "Os filósofos não fizeram mais que interpretar o mundo de forma diferente; trata-se, porém, de modificá-lo".[39] Nesse caso, mesmo em uma universidade alemã, a leitura segmentária pode deixar de lado o conjunto da tese, de que "A vida social é essencialmente prática", isto é, práxis, pensamento e ação, relações sociais, ciência e senso comum, permanência e mudança, e não apenas opinião e frase feita.

Vi uma versão local dos efeitos do recorte ideológico do pensamento científico e erudito em uma expressão de banalização do conhecimento sociológico Em um vistoso e bem-feito cartaz no campus da Unisinos, uma universidade católica em São Leopoldo, no Rio Grande do Sul, em 2015: "Ou os estudantes se identificam com o destino de seu povo, com ele sofrendo a mesma luta, ou serão aliados daqueles que exploram o povo". Alguém, mais tarde, julgou prudente rabiscar improvisadamente o nome do autor da frase, acrescentando "Florestan F.". O pensador, no caso sociólogo, era irrelevante, o cientista reduzido a um fazedor de frases de ocasião para justificar a militância partidária, coisa que Florestan Fernandes

---

39 Marx, Teses sobre Feuerbach. In: Marx; Engels, *Obras escolhidas*, v.3, p.210.

não era. Nenhuma preocupação com o sentido das palavras, com o "se identificam", com o que isso quer dizer sociologicamente. Significativamente uma frase que à luz do pensamento sociológico do autor quer dizer algo completamente diferente do que sugere a polarização fragmentadora e antidialética do recorte panfletário.

O senso comum dos novos recrutas das ciências sociais vem impregnado de ideologias supletivas, remendos do limbo, sequer é o bom senso de que fala Antonio Gramsci. Sem dúvida é uma busca da geração perdida e órfã, mas busca no próprio vazio que alcança a classe média e a priva do horizonte social e político e das condições de compreender a situação social em que está atolada.

Os alunos entram no curso como soldados de um conflito ideológico e político e não mais como soldados da luta pela educação, como candidatos a educadores. Divididos entre correntes ideológicas diversas, que se combatem reciprocamente, muitos alunos buscam o curso como um meio de impor aos outros e à sociedade uma visão de mundo. Nela entram pressupondo que a sociedade está completamente errada e que só eles e seus pequenos grupos corporativos sabem como consertá-la. Nesse sentido, o aluno é um inimigo da sociedade que o socializou e é um inimigo do professor que se conforma em compreender a sociedade, em vez de transformá-la, como se missionário fosse da causa da transformação social em uma direção e não em outra. Portanto, ensinar sociologia já não é uma tarefa pedagógica, mas uma guerra, em que a sociologia já não tem como explicar a sociedade, mas tem que se justificar perante a sociedade para depois explicá-la. A sociologia agora concebida como um delito antissocial. E assim tratada dentro

Sociologia do desconhecimento

e fora da universidade justamente por aqueles que deveriam ampará-la e defendê-la como instrumento da autoconsciência científica da sociedade, como alternativa civilizada à barbárie do acaso e do improviso. Sem o reconhecimento dessas anomalias, o ensino de sociologia na universidade tornou-se impossível.

Infelizmente, toda uma geração de sociólogos e profissionais das ciências humanas, educados no espírito da derrotada luta estudantil de 1968, tem sido em boa parte responsável pela informação que das humanas passam às novas gerações e as motivam a ingressar no Curso de Ciências Sociais. A mentalidade de que a sociologia só se legitima se concebida como ciência da revolução inconclusa, o que bloqueia o ensino e tranca a disponibilidade dos alunos para aprender sociologia e ciências sociais na perspectiva propriamente científica. Professores vítimas e cúmplices dessa mentalidade anticientífica tornaram-se agentes ativos desse bloqueio na universidade. Hoje, pode-se dizer que há formados em ciências sociais que não sabem o que é propriamente sociologia, e o que dizem ser a sociologia é mera ideologia partidária ou, no polo oposto, religiosa. A sociologia definha entre nós. Nesse quadro adverso, ensinar sociologia na universidade só é possível combatendo pela sociologia, aceitando a guerra para por meio dela derrotar a mentalidade ideológica, para uns tantos uma premissa desse campo de conhecimento. As ideologias podem ser objeto da explicação sociológica, mas não podem ser sujeito, pois comprometeriam o caráter científico da sociologia, uma vez que sua função é a de dizer menos do que a sociedade efetivamente é.

O diálogo crítico com o pensamento do homem comum que chega à universidade para aprender ciências sociais é o do conhecimento para situar e compreender o ideológico em perspectiva desconstrutiva e crítica. Trata-se de um modo de aceitar a guerra ideológica para não ser enquadrado e bloqueado pelas ideologias, seja as de classe, seja as de raça, seja as de religião, seja as de gênero. Seja as que, difusamente, reduzem a sociedade e a vida social ao agora da incerteza, da indefinição, das poucas palavras e das digitações de uma sociedade que agora fala com o dedo.

Um certo sociologismo banalizador passou a fazer parte do senso comum das novas gerações, o que de fato alterou o que a sociedade é. Algo semelhante acontecera com a psicologia e vem acontecendo com as outras ciências. Porque não compreendem sociologicamente sua função social e histórica, muitos docentes cometem o erro de se tornar cúmplices de seus alunos e de suas demandas ideológicas. Afastam-se do conhecimento crítico, sobretudo quando entendem que o pensamento crítico é o pensamento contrário e não o pensamento que situa o real e vai às suas raízes. Com isso, não se atualizam nem educam. Anulam qualquer função que as ciências sociais possam ter na sociedade contemporânea. A sociologia ideologizada acaba sendo um álibi para escapar dos deveres da ciência.

A sociologia de classificação e rotulação, que ficou presa nos limites da mera conceituação de impressões sobre a realidade social e perdeu de vista o caráter essencial do método de explicação em conexão com o método de investigação, pouco poderá fazer para inovar. A relação com o aluno já não pode ser uma relação de mero ensino, pois não pode deixar de ser uma relação de pesquisa em que o aluno é, de fato, também um documento das mentalidades deste tempo. Nesse sentido, é mediador vivencial do objeto.

Sociologia do desconhecimento

Nem sempre os clássicos expuseram, explicitamente, suas preocupações teóricas com a distinção entre conhecimento científico e conhecimento de senso comum. Mas, em suas obras, essa é a premissa. Nem julgaram necessário expor com clareza didática que essa distinção é uma premissa da produção e da disseminação do conhecimento sociológico. É que a questão não é meramente conceitual nem pode se resumir a uma receita de procedimentos que proteja o conhecimento científico de invasões e distorções oriundas do conhecimento não científico.

A sociologia, para Marx, é uma, para Durkheim é outra, para Weber é ainda outra, para ficarmos nos três autores de referência dos métodos explicativos, na ordem de seu surgimento e de seu protagonismo. Durkheim é radical na distinção entre sociologia e senso comum. Justamente por isso, seu livro sobre *As regras do método sociológico* continua sendo um recurso didático da maior relevância para iniciar novas gerações no campo da sociologia. Uma coisa é uma coisa e outra coisa é outra coisa.

No entanto, a coisa não é bem assim, mas é também assim. Em Marx, a dimensão fenomênica e ideológica da realidade social não é anticientífica, mas tampouco é científica, não é estranha ao objeto do conhecimento sociológico, é dele constitutiva ao mesmo tempo que o deforma, como temerá mais adiante Durkheim. Portanto, a questão não é a de recusar o senso comum, mas a de incorporá-lo, situando sociologicamente a deformação que representa. Nesse caso, a sociologia descobre e explica o que no real há de enganoso, abre caminho para a desalienação e emancipação das vítimas do engano. A ideologia faz parte da realidade do homem comum, é constitutiva do objeto de conhecimento sociológico.

Ver e viver sem clareza plena é um requisito para que a sociedade funcione. O autoengano assegura o acobertamento das contradições sociais e, portanto, que o homem faça sua própria história sem saber que a está fazendo, distanciado de si mesmo e das consequências sociais do que é e faz, como mostra Marx, em vários de seus trabalhos.[40] O grande desafio político e histórico é, portanto, o de que a sociedade tome consciência da realidade do engano e das condições de sua superação. É nesse processo que a sociologia tem sua importância prática.

No fim das contas, o homem é objeto do processo histórico, para que a história se desenrole segundo suas próprias determinações. A consciência verdadeira é um momento tardio da história, nos dias que correm mediada pela ciência, pela sociologia. O atraso do real em relação ao possível, o desenvolvimento desigual, como próprio e característico da historicidade social, como ensina Henri Lefebvre.[41]

Mudaram, pois, as condições sociais do ensino de sociologia em nossos cursos universitários de graduação. As referências da mentalidade e da receptividade do aluno ao pensamento sociológico são diferentes das dos tempos iniciais da formação dos primeiros sociólogos brasileiros. Naquela época, na USP, os professores estrangeiros tratavam os estudantes como nativos de uma sociedade bem diversa da sociedade europeia, que foi a grande referência do pensamento sociológico. É verdade que, como mostrou Claude Lévi-Strauss em *Tristes trópicos*, os

---

40 Cf., especialmente, Marx, *O 18 Brumário de Luís Bonaparte*. In: Marx; Engels, *Obras escolhidas*, v.1, p.203.

41 Lefebvre, *La revolución urbana*, op. cit., p.11. Cf., também, id., *O direito à cidade*, p.39 e 100-1.

Sociologia do desconhecimento

primeiros alunos vinham de uma tradição intelectual europeia, de imitação. Roger Bastide, seu sucessor, tratou essa característica da primeira geração de alunos como matéria-prima do trabalho de campo. Portanto, não só lhes ensinando sociologia, mas, ao mesmo tempo, observando-os sociologicamente, deles fazendo uma ponte de compreensão da sociedade brasileira.

O fato de que a sociologia tenha se enraizado no Brasil não dispensa seu professor, no curso de graduação da universidade, de continuar adotando a mesma orientação em relação aos alunos de hoje. Renovando continuamente o reconhecimento do mutante senso comum que os afasta da ciência para continuamente restabelecer as bases pedagógicas do ensino da sociologia como ensino-aprendizado, o professor como pesquisador-aluno, que aprende ensinando e observando, sem abrir mão da responsabilidade de professor. A sala de aula, no curso de sociologia, é um laboratório. Nesse sentido, a sociologia deve ser testada todo o tempo, como disciplina de desconstrução e desvendamento, como ciência que vê mais e explica mais do que a ideologia e o ideológico justamente porque os faz objeto e os explica cientificamente, como engano e deturpação. No fundo, de tempos em tempos, é necessário rever o elenco dos temas do programa e a ordem da exposição, a sociologia proposta como desafio aos alunos, e não como matéria inerte do ideológico e repetitivo. Uma ciência das incertezas sociais, e não das certezas ideológicas ou religiosas, modos não científicos mas socialmente funcionais de conhecimento.

Referências bibliográficas

BÁRBARA, Lenin Bicudo. *Devem os sociólogos suspender juízos de fato, ao investigar as crenças alheias?* Um capítulo de uma sociologia da ignorância. 41º Encontro Anual da Anpocs – Associação Nacional de Pós-Graduação em Ciências Sociais, Caxambu (MG), 23-27 out. 2017.

BARNES, J. A. *Um monte de mentiras:* Para uma sociologia da mentira. Campinas: Papirus, 1996.

BASTIDE, Roger. *Sociologia e psicanálise.* Trad. Lavínia da Costa Vilela. São Paulo: Instituto Progresso Editorial S.A., 1948.

BEIGUELMAN, Paula. *Formação política do Brasil.* São Paulo: Livraria Pioneira Editora, 1967. 2v.

BEOZZO, José Oscar. *Leis e regimentos das Missões.* São Paulo: Loyola, 1983.

BERGER, Peter L. *Perspectivas sociológicas:* Uma visão humanística. Trad. Donaldson M. Garschagen. Petrópolis: Vozes, 1972.

BERGER, Peter L.; LUCKMANN, Thomas. *La construcción social de la realidad.* Trad. Silvia Zuleta. Buenos Aires: Amorrortu Editores, 1968.

BRANDÃO, Carlos Rodrigues. *Diário de campo:* A Antropologia como alegoria. São Paulo: Brasiliense, 1982.

BUARQUE, Cristovam; ALMEIDA, Francisco Inácio de; NAVARRO, Zander (orgs.). *O Brasil e os brasileiros:* Por que somos assim? (Ensaios sobre identidade social, nacionalidade e cultura). Brasília: Verbena Editora/Fundação Astrojildo Pereira, 2017.

BURKE, Peter. *Knowledge, Culture and Society.* Medellin: Universidad Nacional de Colombia, 2017.

CANCLINI, Néstor García. *Culturas híbridas:* Estrategias para entrar y salir de la modernidad. México: Editorial Grijalbo, 1990.

CANDIDO, Antonio. Prefácio. In: MOURA, Margarida Maria. *Ser tão sertão:* Testemunho de um trabalho de campo. São Paulo: Plêiade, 1997.

CARDOSO, Fernando Henrique. O Estado na América Latina. In: PINHEIRO, Paulo Sérgio (org.). *O Estado na América Latina.* Rio de Janeiro: Cedec/Paz e Terra, 1977.

_____. *Capitalismo e escravidão no Brasil meridional.* Rio de Janeiro: Civilização Brasileira, 2003.

_____. *Empresário industrial e desenvolvimento econômico.* São Paulo: Difusão Européia do Livro, 1964.

_____. Il contributo di Marx alla teoria del mutamento sociale. In: SPINELLA, Mario (ed.). *Marx vivo:* La presenza di Karl Marx nel pensiero contemporaneo. Trad. Elena Basffi, Silvano Corvisieri e Mario Spinella. Verona: Arnoldo Mondadori Editore, 1969. v.2.

CARDOSO, Fernando Henrique; IANNI, Octavio. *Homem e sociedade.* São Paulo: Companhia Editora Nacional, 1961.

CASTRO, Consuelo de. *À prova de fogo.* São Paulo: Hucitec, 1977.

CUNHA, Euclides da. *Canudos:* Diário de uma expedição Rio de Janeiro: Livraria Francisco Alves, 1979.

_____. *Os sertões:* Campanha de Canudos. 29.ed. Rio de Janeiro: Livraria Francisco Alves, 1979.

_____. *À margem da história* (1909). 6.ed. Porto: Livraria Lello & Irmão, 1946.

DANGEVILLE, Roger. Présentation. In: MARX, Karl. *Un Chapitre Inédit du Capital.* Trad. Roger Dangeville. Paris: Union Générale d'Éditions, 1971.

DURKHEIM, Émile. *As regras do método sociológico.* Trad. Maria Isaura Pereira de Queiroz. 2.ed. São Paulo: Companhia Editora Nacional, 1960.

DURKHEIM, Émile. *De la Division du Travail Social*. 7.ed. Paris: Presses Universitaires de France, 1960.

FALS BORDA, Orlando. *La ciencia y el pueblo*: nuevas reflexiones sobre la investigación-acción. Paper, III Congreso Nacional de Sociología, Bogotá, 20-22 ago. 1980, p.1-32.

FERNANDES, Florestan. Tiago Marques Aipobureu, um bororo marginal. In: _____. *Mudanças sociais no Brasil*. São Paulo: Difusão Europeia do Livro, 1960.

_____. *A sociologia numa era de revolução social*. São Paulo: Companhia Editora Nacional, 1963.

_____. *Ensaios de sociologia geral e aplicada*. São Paulo: Livraria Pioneira Editora, 1960.

_____. *Fundamentos empíricos da explicação sociológica*. São Paulo: Companhia Editora Nacional, 1959.

_____. *Sociedade de classes e subdesenvolvimento*. Rio de Janeiro: Zahar Editores, 1968.

FORACCHI, Marialice M. A valorização do trabalho na ascensão social dos imigrantes. *Revista do Museu Paulista*, nova série, v.XIV, São Paulo: 1963, p.318.

FORACCHI, Marialice M. *A juventude na sociedade moderna*. 2.ed. São Paulo: Edusp, 2018.

_____. *O estudante e a transformação da sociedade brasileira*. São Paulo: Companhia Editora Nacional, 1965.

FORACCHI, Marialice M.; MARTINS, José de Souza. *Sociologia e sociedade*. São Paulo: LTC – Livros Técnicos e Científicos Editora S.A., 1977.

FREHSE, Fraya (org.). *A sociologia enraizada de José de Souza Martins*. São Paulo: Com Arte, 2018.

_____. A sociologia da vítima como sociologia do espaço. In: FREHSE, Fraya (org.). *A sociologia enraizada de José de Souza Martins*. São Paulo: Com Arte, 2018.

_____. En busca del tiempo en las calles y plazas de São Paulo. In: MONTECÓN. A. R.; FREHSE, F. (eds.). *Vivir y pensar São Paulo y la Ciudad de Mexico:* Trayectorias de investigación y dialogo. Ciudad de México: Universidad Autónoma Metropolitana/ Juan Pablo Editorial, 2016.

FREUND, Julien. *Max Weber.* Paris: Presses Universitaires de France, 1969.

FREYER, Hans. *La sociología, ciencia de la realidad.* Trad. Francisco Ayala. Buenos Aires: Editorial Losada, 1944.

GALVÃO, Walnice Nogueira. *As formas do falso:* Um estudo sobre a ambiguidade no *Grande sertão: veredas.* São Paulo: Perspectiva, 1972.

GÂNDAVO, Pero de Magalhães. *A primeira história do Brasil:* História da província Santa Cruz a que vulgarmente chamamos Brasil (1576). 2.ed. Texto modernizado e notas: Sheila Moura Hue e Ronaldo Menegaz. Rio de Janeiro: Jorge Zahar Editor, 2004.

GARFINKEL, Harold. *Studies in Ethnomethodology.* Englewood Cliffs, NJ: Prentice Hall, 1967.

GARFINKEL, Harold. The origins of the term "Ethnomethodology". In: TURNER, Roy (ed.). *Ethnomethodology.* Harmondworth: Penguin Books, Ltd., 1975.

GOFFMAN, Erving. *La presentación de la persona en la vida cotidiana.* Trad. Hildegarde B. Torres Perrén e Flora Setaro. Buenos Aires: Amorrortu Editores, 1971.

GOLDMAN, Lucien. *Las ciencias humanas y la filosofía.* Trad. Josefina Martinez Alinari. Buenos Aires: Ediciones Galatea Nueva Visión, 1958.

GOLDMANN, Lucien. *Origem da dialética.* Trad. Haroldo Santiago. Rio de Janeiro: Paz e Terra, 1967.

GORZ, André. *História y enajenación.* Trad. Julieta Campos. México: Fondo de Cultura Económica, 1964.

GOULDNER, Alvin W. *The Coming Crisis of Western Sociology.* Nova York: Basic Books, 1970.

GUIGOU, Jacques. Le sociologue rural e l'idéologie du changement. *L'Homme et la Société,* n.19, Paris: Janvier-Février-Mars, 1971, p.93-100.

GUIMARÃES, Ruth. *Os filhos do medo.* Porto Alegre: Globo, 1950.

GUTERMAN, Norbert; LEFEBVRE, Henri. *La Conscience Mystifiée.* 2.ed. Paris: Le Sycomore, 1979.

HELLER, Ágnes. *La revolución de la vida cotidiana*. Trad. Gustau Muñoz et al. Barcelona: Ediciones Península, 1982.

_____. *La teoría, la prassi e i bisogni*. Roma: Savelli, 1978.

_____. *La Théorie des Besoins chez Marx*. Trad. Martine Morales. Paris: Union Générale d'Éditions, 1978.

_____. *Para cambiar la vida* (Entrevista a Ferdinando Adornato). Trad. Carlos Elordi. Barcelona: Editorial Crítica, 1981.

HESS, Rémi. *Henri Lefebvre et l'Aventure du Siècle*. Paris: Éditions A. M. Métailié, 1988.

HORTON, John. The Dehumanizaiton of Anomie and Alienation: a Problem in the Ideology of Sociology. *The British Journal of Sociology*, v.XV, n.4, dec. 1964, p.283-300.

IANNI, Octavio. O jovem radical. *Revista Brasileira de Ciências Sociais*, v.II, n.2, Faculdade de Ciências Econômicas – UFMG, Belo Horizonte, jul. 1962, p.121-42.

JEDLOWSKI, Paolo. Il tempo quotidiano, A proposito del concetto di vita quotidiana. In: GIASANTI, Alberto; JEDLOWSKI, Paolo (orgs.). *Il quotidiano e il possibile*. Milano: Dott. A. Giufre Editore, 1982.

_____. Henri Lefebvre e la critica della vita quotidiana. In: LEFEBVRE, Henri. *La vita quotidiana nel mondo moderno*. Milano: Il Saggiatore, 1979.

KAMENKA, Eugene (ed.). *The Portable Karl Marx*. Kingsport: Viking Press/Penguin Books, 1983.

KANTOR, Iris; MACIEL, Débora A.; SIMÕES, Júlio Assis (orgs.). *A Escola Livre de Sociologia e Política*. 2.ed. São Paulo: Editora Sociologia e Política, 2009.

KRADER, Lawrence. *Los apuntes etnológicos de Karl Marx*. Trad. José María Ripalda. Madri: Editorial Fabio Iglesias/Siglo XXI de España Editores, 1988.

LAMBERT, Jacques. *Os dois Brasis* 3.ed. São Paulo: Companhia Editora Nacional, 1967.

LAPASSADE, Georges; LUZ, Marco Aurélio. *O segredo da macumba*. Rio de Janeiro: Paz e Terra, 1972.

LATOUR, Patricia; COMBES, Francis. *Conversation avec Henri Lefebvre.* Paris: Messidor, 1991.

LEAL, Victor Nunes. *Coronelismo enxada e voto:* O município e o regime representativo no Brasil (1948). São Paulo: Alfa-Ômega, 1975.

LEFEBVRE, Henri. La notion de totalité dans les sciences sociales. *Cahiers Internationaux de Sociologie*, v.XVIII, Presses Universitaires de France, Paris: janvier-juin 1955, p.55-77;

_____. *A vida cotidiana no mundo moderno.* Trad. Alcides João de Barros. São Paulo: Ática, 1991.

_____. *Au-delà du Structuralisme.* Paris: Éditions Anthropos, 1971.

_____. *Critique de la Vie Quotidienne.* Paris: L'Arche Éditeur, 1961.

_____. *Hegel, Marx, Nietzche* (Ou o reino das sombras). Trad. Mauro Armiño. México: Sigloveinteuno Editores, 1976.

_____. *Introduction à la Modernité.* Paris: Les Éditions de Minuit, 1962.

_____. *La Proclamation de la Commune.* Paris: Gallimard, 1965.

_____. *La Production de l'Espace.* Paris: Éditions Anthropos, 1974, p.79-81.

_____. *La revolución urbana.* Trad. Mario Nolla. Madri: Alianza Editorial, 1972.

_____. *La Survie do Capitalisme.* Paris: Éditions Anthropos, 1973.

_____. *La vida cotidiana en el mundo moderno.* Madri: Alianza Editorial, 1972.

_____. *Le Manifeste Différentialiste.* Paris: Gallimard, 1970.

_____. *Le Retour de la Dialectique.* Paris: Messidor/Éditions Sociales, 1986.

_____. *Métaphilosophie.* Paris: Les Éditions de Minuit, 1965.

_____. *O direito à cidade.* Trad. T. C. Netto. São Paulo: Documentos, 1969.

_____. Perspectives de sociologie rurale. *Cahiers Internationaux de Sociologie*, v.XIV, Seuil, Paris: 1953, p.122-140.

_____. *Pour-Connaître la Pensée de Lenine.* Paris: Bordas, 1957.

_____. Problèmes de sociologie rurale. *Cahiers Internationaux de Sociologie*, v.VI, Seuil, Paris: 1949, p.78-100.

_____. *Sociologia de Marx.* Trad. Carlos Roberto Alves Dias. Rio de Janeiro: Forense, 1968.

Sociologia do desconhecimento

LÊNIN, V. I. Ce que sont les "Amis du Peuple" et comment ils luttent contre les social-démocrates. In: _____. *Oeuvres*. Paris/Moscou: Éditions Sociales/Éditions du Progrès, 1966. t.I.

LÊNIN, V. I. *El desarrollo del capitalismo en Rusia*. Trad. José Lain Entralgo. Barcelona: Editorial Ariel, 1974.

LUKÁCS, Georg. *Histoire et Conscience de Classe*. Trad. Kostas Axelos e Jacqueline Bois. Paris: Les Éditions de Minuit, 1960.

LUXEMBURGO, Rosa. *A acumulação do capital*. Trad. Moniz Bandeira. Rio de Janeiro: Zahar Editores, 1970.

LYON, David. *Posmodernity*. Buckingham: Open University Press, 1995.

MAFFESOLI, Michel. *La conquista del presente* (Per uma sociologia della vita quotidiana). Trad. Anna Grazia Farmeschi e Alfonso Almafitano. Roma: Editrice Ianua, 1983.

MANNHEIM, Karl. *Diagnóstico de nuestro tiempo*. Trad. José Medina Echavarría. México: Fondo de Cultura Económica, 1946.

_____. *Ensayos sobre sociología y psicología social*. Trad. Florentino M. Torner. México: Fondo de Cultura Económica, 1963.

_____. *Ideología y utopía:* Introducción a la sociología del conocimiento. Trad. Salvador Echavarría. México: Fondo de Cultura Económica, 1941.

MARTINS, Heloisa. O ensino de métodos e técnicas de pesquisa nos cursos de Ciências Sociais. *Estudos de sociologia*, v.I, n.21, Recife, 2015, p.232-5.

MARTINS, José de Souza (org.). *Henri Lefebvre e o retorno à dialética*. São Paulo: Hucitec, 1996.

_____. Sociólogo faz estudo duvidoso sobre a mentira. *Caderno de Sábado. Jornal da Tarde*, 1º fev. 1997, p.7.

_____. A casa imaginária de Dona Fulana. *O São Paulo* (Semanário da Arquidiocese de São Paulo), Ano 52, n.2.684, 12 fev. 2008, p.2.

_____. As cartas de Marx. In: GALVÃO, Walnice Nogueira; GOTLIB, Nádia Battella. *Prezado senhor, prezada senhora:* Estudos sobre Cartas. São Paulo: Companhia das Letras, 2000.

_____. Ianni, a poesia na sociologia. *Tempo Social — Revista de Sociologia da USP*, v.16, n.I, jun.2004, p.25-8.

MARTINS, José de Souza (org.). O triunfo do poder pequeno. *Valor Econômico* (Suplemento *Eu & Fim de Semana*), Ano 20, n.979, São Paulo: 6 set. 2019, p.3.

_____. Penúltimas palavras. *Revista Brasileira de Ciências Sociais*, v.29, n.85, São Paulo: jun. 2014, p.195-210.

_____. *A aparição do demônio na fábrica:* Origens sociais do eu dividido no subúrbio operário. São Paulo: Editora 34, 2008.

_____. *A militarização da questão agrária no Brasil.* 2.ed. Petrópolis: Vozes, 1985.

_____. *A sociabilidade do homem simples.* 3.reimp. São Paulo: Contexto, 2015.

_____. *A sociologia como aventura* (Memórias). São Paulo: Contexto, 2013.

_____. *A sociologia de Henri Lefebvre:* Um ponto de vista brasileiro. Aula inaugural no Curso de Pós-Graduação em Ciências Sociais do Instituto de Filosofia, Sociologia e Política da Universidade Federal de Pelotas (RS), 22 mar. 2012.

_____. *Capitalismo e tradicionalismo,* São Paulo: Livraria Pioneira Editora, 1975.

_____. Coleção Artistas da USP. São Paulo: Edusp, 2008.

_____. *Desavessos:* Crônicas de poucas palavras. São Paulo: Com Arte, 2015.

_____. *Do PT das lutas sociais ao PT do poder*. São Paulo: Contexto, 2016.

_____. *Fronteira:* A degradação do outro nos confins do humano. 2.ed. São Paulo: Contexto, 2014.

_____. *Linchamentos:* A justiça popular no Brasil. São Paulo: Contexto, 2015.

_____. *Moleque de fábrica:* Uma arqueologia da memória social. 2.ed. Cotia: Ateliê Editorial, 2018.

_____. *Uma sociologia da vida cotidiana*. São Paulo: Contexto, 2014.

MARX, Karl. O 18 Brumário de Luís Bonaparte. In: MARX, Karl; ENGELS, Friedrich. *Obras escolhidas*. Rio de Janeiro: Editorial Vitória, 1961. v.I.

_____. Teses sobre Feuerbach. Trad. Apolônio de Carvalho. In: MARX, Karl; ENGELS, Friedrich. *Obras escolhidas*. Rio de Janeiro: Editorial Vitória, 1963. v.III.

MARX, Karl. *El capital:* Crítica de la economía política. Trad. Wenceslao Roces. México: Fondo de Cultura Económica, 1959. t.I, II, III.

_____. *El capital:* Libro I – Capítulo VI, Inédito. Trad. Pedro Scaron. Buenos Aires: Ediciones Signos, 1971.

_____. *Manuscrits de 1844.* Trad. Emile Bottigelli. Paris: Éditions Sociales, 1962.

_____. *Texts on Method.* Trans. Terrell Carver. Oxford: Basil Blackwell, 1975.

_____. La cuestión judía. In: MARX, Karl; RUGE, Arnold, *Los anales franco-alemanes.* Trad. J. M. Bravo. Barcelona: Ediciones Martinez Roca S.A., 1973.

MARX, Karl; ENGELS, Friedrich. *Escritos sobre Rusia.* II. El porvenir de la comuna rusa. Trad. Félix Blanco. México: Ediciones Pasado y Presente/Siglo XXI Editores, 1980.

_____. *L'Idéologie Allemande.* Trad. Renée Cartelle. Paris: Éditions Sociales, 1962.

_____. Carta de Marx a L. Kugelmann em Hannover. In: _____. *Selected Correspondence.* Trans. I. Lasker. Moscou: Progress Publishers, 1965.

MARX, Karl; DANIEL, Nikolai; ENGELS, Friedrich. Carta de Marx a Danielson. In: _____. *Correspondencia, 1868-1895.* Compilación José Aricó, trad. Juan Behrend et alii. México: Siglo Veintiuno Editores, 1981.

MATHIAS, Simão et al. (orgs.), *Os acontecimentos da Rua Maria Antônia (2 e 3 de outubro de 1968).* São Paulo: FFLCH-USP, 1988.

McGOEY, Linsey. Strategic unknowns: towards a sociology of ignorance. *Economy and Society*, v.41, n.1, 1912, p.1-16.

MESQUITA FILHO, Júlio de. *Política e cultura.* São Paulo: Livraria Martins Editora, 1969.

MESQUITA FILHO, Ruy (org.). *Cartas do exílio:* A troca de correspondência entre Marina e Júlio de Mesquita Filho. São Paulo: Editora Albatroz/Loqüi Editora/Editora Terceiro Nome, 2006.

MINDLIN, Betty. *Nós, Paiter:* Os Suruí de Rondônia. Petrópolis: Vozes, 1985.

MOTTA, Antonio (org.). Nos interstícios do (in)visível. Número especial da revista *Política e Trabalho – Revista de Ciências Sociais*, Ano XXX, n.39, Universidade Federal da Paraíba, João Pessoa, out. 2013.

NABUCO, Joaquim. *O abolicionismo* (1883). Brasília: Senado Federal, 2009.

NISBET, Robert A. Sociology as an art form. In: _____. *Tradition and Revolt*. Nova York: A Vintage Book, 1970.

NOGUEIRA, Oracy. Preconceito racial de marca e preconceito racial de origem: sugestão de um quadro de referência para a interpretação do material sobre relações raciais no Brasil. *Revista Anhembi*, São Paulo: abr. 1955, p.287-308.

ORTEGA, Francisco. *Ágnes Heller* (Entrevista). Rio de Janeiro: Editora da Universidade do Estado do Rio de Janeiro: 2002.

PAIS, José Machado. *Vida cotidiana:* enigmas e revelações. São Paulo: Cortez, 2003.

PEREIRA, Paulo Roberto (org.). Carta de Pero Vaz de Caminha ao rei dom Manoel, de Portugal, em abril de 1500. In: _____. *Os três únicos testemunhos do descobrimento do Brasil*. Rio de Janeiro: Lacerda Editores, 1999.

ROSA, João Guimarães. *Grande sertão: veredas*. 9.ed. Rio de Janeiro: Livraria José Olympio Editora, 1974.

SARTRE, Jean-Paul. *Critica de la razón dialectica*. Trad. Manuel Lamana. Buenos Aires: Editorial Losada, 1970. Libro I.

SCHUTZ, Alfred. *El problema de la realidad social*. Trad. Néstor Míguez. Buenos Aires: Amorrortu Editores, 1974.

SCHUTZ, Alfred. The Well Informed Citizen: An Essay on the Social Distribution of Knowledge. *Social Research*, v.13, n.4, The Johns Hopkins University Press, dec. 1946, p.463-478.

SILVA, Ludovico. *El estilo literario de Marx*. 4.ed. México: Siglo Veinteuno Editores, 1980.

SOMBART, Werner. *Le Bourgeois:* Contribution a l'histoire morale e intellectuelle de l'homme économique moderne. Trad. S. Jankélévitch. Paris: Petite Bibliothèque Payot, 1966.

Sociologia do desconhecimento

STONEQUIST, Everett V. *O homem marginal.* Trad. Asdrubal Mendes Gonçalves. São Paulo: Livraria Martins Editora, 1948.

TOCANTINS, Leandro. *Formação histórica do Acre.* Rio de Janeiro: Conquista, 1961. 3v.

WEBER, Max. *The Protestant Ethic and the Spirit of Capitalism.* Trad. Talcott Parsons. Nova York, Charles Scribner's Sons, 1958.

_____. A ciência como vocação. *Ciência e política:* Duas vocações. Trad. Leonidas Hegenberg e Octany Silveira da Mota. São Paulo: Cultrix, 1970.

_____. *Economia y sociedad:* Esbozo de sociología comprensiva, I. Trad. José Medina Echavarría et al. México: Fondo de Cultura Económica, 1964.

_____. *Essais sur la Théorie de la Science.* Trad. Julien Freund. Paris: Librairie Plon, 1965.

_____. *Le Savant et la Politique.* Trad. Julien Freund. Paris: Union Générale d'Éditions, 1959.

SOBRE O LIVRO

Formato: 14 x 21 cm
Mancha: 23 x 44 paicas
Tipologia: Venetian 301 12,5/16
Papel: Off-white 80 g/m² (miolo)
Cartão Supremo 250 g/m² (capa)

1ª edição Editora Unesp: 2021

EQUIPE DE REALIZAÇÃO

Edição de texto
Silvia Massimini Felix (Copidesque)
Nathan Matos (Revisão)

Capa
Marcelo Girard

Editoração eletrônica
Eduardo Seiji Seki

Assistência editorial
Alberto Bononi
Gabriel Joppert